你也可以办好读书会

读书会运营的理论与实践

林 凯 著

ZHEJIANG UNIVERSITY PRESS
浙江大学出版社
·杭州·

图书在版编目（CIP）数据

你也可以办好读书会 ： 读书会运营的理论与实践 /
林凯著. -- 杭州 ： 浙江大学出版社，2023.6
ISBN 978-7-308-23834-2

Ⅰ．①你… Ⅱ．①林… Ⅲ．①读书活动－研究－中国
Ⅳ．①G252.17

中国国家版本馆CIP数据核字(2023)第093268号

你也可以办好读书会

读书会运营的理论与实践

林　凯　著

责任编辑	平　静
责任校对	杨利军
责任印制	范洪法
封面设计	林智广告
出版发行	浙江大学出版社
	（杭州市天目山路148号　　邮政编码　310007）
	（网址：http://www.zjupress.com）
排　　版	杭州林智广告有限公司
印　　刷	浙江省邮电印刷股份有限公司
开　　本	710mm×1000mm　1/16
印　　张	14.5
字　　数	171千
版 印 次	2023年6月第1版　2023年6月第1次印刷
书　　号	ISBN 978-7-308-23834-2
定　　价	68.00元

目 录

绪论 读书会的邀请 / 1

终身学习：来自时代与成长的召唤 / 1

读书会的价值与前景 / 6

本书的内容与结构 / 8

第1章 读书会定位 / 11

第1节 用户定位 / 14

第2节 价值定位 / 20

第3节 规模定位 / 25

第4节 期限定位 / 29

第2章 读书活动的设计与组织 / 35

第1节 读书活动的核心框架及阐释 / 37

第2节 读书活动的设计 / 43

第3节 读书活动的组织 / 58

第3章　读书会运营动机、资源与模式　/ 67

第1节　读书会生命周期　/ 69

第2节　读书会运营动机　/ 72

第3节　读书会运营资源　/ 81

第4节　读书会运营模式　/ 89

第4章　家庭读书会　/ 99

第1节　家庭藏书　/ 101

第2节　亲子读书会　/ 105

第3节　夫妻读书会　/ 113

第4节　其他类型的家庭读书会　/ 118

第5章　学校读书会　/ 123

第1节　学校藏书　/ 126

第2节　师生读书会　/ 130

第3节　同学读书会　/ 134

第4节　教师读书会　/ 139

第6章　工作单位读书会　/ 145

第1节　工作单位藏书　/ 149

第2节　面向全体职员的读书会　/ 152

第3节　面向特定职员的读书会　/ 156

第7章　民间读书会 ／ 169

第1节　面向未成年人的民间读书会 ／ 172

第2节　面向中青年人的民间读书会 ／ 177

第3节　面向老年人的民间读书会 ／ 184

第8章　其他读书会 ／ 191

第1节　图书馆读书会 ／ 194

第2节　街道社区读书会 ／ 199

第3节　出版社读书会 ／ 204

第4节　其他媒体读书会 ／ 208

附录　爱上读书的GSM-E模型 ／ 213

后记 ／ 224

绪论
读书会的邀请

欢迎翻开这本书，你将看到丰富多彩的读书会、丰富多彩的人生和丰富多彩的世界之间的相互塑造。我对读书会充满热情和期待，已对之研究并实践了 10 年。无论你是专业学者还是普通读者，我都诚挚邀请你一起踏上读书会探索之旅。

终身学习：来自时代与成长的召唤

几百年前，文艺复兴运动揭开了现代化的序幕——**人不再是超自然力量的玩物，而是自己命运的塑造者。**[1] 然后，宗教改革、新大陆的发现、工业革命等接踵而来，造就了欧洲在全球的支配地位。一百多年前，鸦片战争之后，中国被迫开启现代化进程。时至今日，紧密编织的人类之网裹挟着绝大多数国家进入"现代性"社会。**推崇知识和追求自由是"现代性"社会的两大特征**。因为推崇知识，科学技术突飞猛进，并成为第一生产力。因为推崇知识，受教育权成为大多数国家宪法规定的基本权利，民众的受

1　斯塔夫里阿诺斯.全球通史：从史前史到 21 世纪 [M].吴象，梁赤民，董书慧，王昶，译.北京：北京大学出版社，2006：371–375.

教育程度也越来越高。因为推崇知识，终身教育、学习型社会、知识经济、数字化管理等理念不断涌现，不断被推行，以致人们不掌握大量的跨学科知识，就很难融入主流社会。因为追求自由，人们渴望摆脱束缚，获得个人的尊严。自由是我国社会主义核心价值观之一，联合国《世界人权宣言》第一条就提出"人人生而自由"[1]。因为追求自由，个人和社会变得日益复杂，多样性和动态性不断增强，人们不得不面对复杂带来的不确定性，并强烈地体验着成功的喜悦和失败的痛苦。

知识是什么？知识是人们在改造世界（含自我）的实践中所获得的认识和经验的总和。按照归属的不同，知识可分为**个人知识、组织知识和公共知识**。作为个人，我们可以从自己的经验与思考中提炼出知识（即个人的直接知识），也可以通过学习从外部获取知识（即个人的间接知识）。作为组织的管理者，我们可以将组织成员的个人知识转化为组织知识，也可以将外部的公共知识转化为组织知识，还可以借助人工智能系统从组织内外挖掘新知识。作为社会利益的支持者，我们需要创造一个良好的知识创新、传播和应用的环境，让公共知识与个人知识和组织知识形成良性的互动关系。其中，书籍可谓结构良好的公共知识的杰出代表。按照内容的不同，经济合作与发展组织（简称经合组织）（OECD）把知识分为**是什么的知识**（Know-what）、**为什么的知识**（Know-why）、**怎么做的知**

1　联合国.世界人权宣言[EB/OL].（1948-12-10）[2022-02-20]. https://www.un.org/zh/about-us/universal-declaration-of-human-rights.

识（Know-how）和**是谁的知识**（Know-who）。[1] 毋庸置疑，经合组织提出的四类知识都很重要，并且涉及不同的认知方式和学习途径。另外，波兰尼将知识分为显性知识和隐性知识：**显性知识**是可以用语言解释清楚的知识，**隐性知识**是不能用语言充分表达的知识。[2] 事实上，我们在处理具体事务时所运用的知识都是隐性知识和显性知识的混合，且更多的是隐性知识。由于具有情境依赖性和整体性，隐性知识很难传授，我们在处理具体的情境任务时，在多角度的案例讨论中，更容易感悟到隐性知识。于是乎，"做中学"、"师徒制"和"跨学科多角度的研讨"具有特殊的意义。

自由是什么？自由不是为所欲为，而是凭借自身意志而行动，并为自身行为负责。伯林把自由分为消极自由和积极自由。[3] **消极自由**是不受他人的干涉（强制）；**积极自由**是自己治理自己。**事实上，自由是有限度的，因为受到内外部的约束。**外部约束包括主体之间施加的干涉（外部积极约束）和资源的匮乏（外部消极约束）；内部约束包括薄弱的意志和难以遏制的习惯等（内部积极约束）和无知（内部消极约束）。所以，自由的核心不是没有阻碍的选择，而是自主选择，在综合考虑内外部条件后自主地做出选择。

一方面，在自由意志和外部约束的较量中，人们发现了**资源稀缺性**，

---

1 经济合作与发展组织（OECD）.以知识为基础的经济 [M].杨宏进，薛澜，译.北京：机械工业出版社，1997：6-9.

2 张民选.隐性知识与隐性知识的显现可能 [J].全球教育展望,2003,32(8):15-21.

3 王宝磊.超越积极自由与消极自由：从伯林的两种自由概念说起[J].武汉大学学报(哲学社会科学版),2014,67(1):17-22.

梳理出三种**资源配置逻辑**：市场、监管和志愿。**市场**逻辑是不同主体基于自由意志原则进行自愿平等的交换，通常具有很高的效率，是资源配置的核心逻辑；**监管**逻辑是自由意志主体通过投票等方式把权利让渡给某个机构，使得这个机构在较长时间内对他们进行管理，具有简单、有力的特点；**志愿**逻辑是自由意志主体消耗拥有的资源，为他人谋福利，不追求匹配的外在回报，在意的是自己的内在精神回报，体现为爱和善良。志愿原则的效率往往较低，但是它与人的价值理性最为接近。三种资源配置逻辑的组合催生出各种各样的组织，包括家庭、学校、工作单位、民间社群等。比如说，拿家庭与工作单位做对比：（1）志愿（爱）在家庭中特别突出，在工作单位中是"润滑剂"。（2）监管在家庭中主要体现在家长对待未成年人时，在工作单位也普遍存在（签订合同时，员工将部分权利让渡给了单位），是单位运行的核心逻辑。（3）市场（交易）在家庭和工作单位中都普遍存在。

另一方面，在自由意志和内部约束的较量中，人们发现了意志力和知识的重要性。人们通过**自律**（为自己立法）和养成良好的**习惯**（减少意志力消耗）等打破内部积极约束的枷锁；通过不断的**有效学习**来打破内部消极约束的枷锁。

可见，实现自由并不容易，需要付出许多努力。于是，在现代社会追求自由的大潮中，也有一些逆流，如萨特所言的"逃避自由"。

结合以上的讨论，我进一步提出如下观点：

（1）追求自由是终身学习强有力的、持久的动力因素。追求自由的背后是自由意志（存在意志），这股力量驱使我们减少或重构前文提到的四种约束。这个减少或重构约束的过程就是终身学习。

（2）学习的主体不只个体，也包括家庭、学校、工作单位、城市与国家等。**一个人成为有效的终身学习者是其实现可持续幸福成长的关键。**类似的，打造成学习型家庭、学习型组织、学习型城市或学习型社会，分别是对应的主体实现有效性的关键。此外，不同主体之间的知识转化，推动了它们之间的良性互动。

（3）在这个时代，知识的生产、存储和扩散发生了巨大的积极变化，但知识的学习迁移能力亟待提升。在科学技术和自由意志的推动下，海量的知识（尤其是情境化知识）被生产出来，知识的存储和扩散变得十分便捷。然而，很多人停留在浅层学习，陷入知识焦虑与碎片化知识堆积的恶性循环，成为不能有效解决问题的"知道分子"。积极参与有温度、有深度的学习社群有利于深度学习，更好地掌握条件性、原理性和系统性的知识。

（4）成为有效的终身学习者，我们需要拥有终身学习理念和终身学习核心知识，需要有良好的终身学习支持环境，并在自我形成和自我完善过程中不断更新和优化知识结构。每一个成年人都是自己终身学习的第一权利人和第一责任人，根据自我定位、具体情境和成长阶段选择适合自己的学习任务和学习策略，通过横向拓展或深度挖掘，不断开辟新赛道和打破各种"内卷"。

这个时代和个人成长都召唤着我们成为有效的终身学习者，朝着人的全面发展不断精进，成为具有高度适应性和高度创造性的幸福的现代人。

读书会的价值与前景

读书会是基于阅读的学习社群。读书会又称为书友会、书会、读书小组、读书俱乐部、读者俱乐部、读书协会、读书社和阅读组织等，其英语名称包括 book discussion club、book club、book group、reading group 和 reading club 等。读书会的名称如此丰富，在一定程度上体现了读书会的多样性和生命力。

读书会具有多种价值。其中比较重要的八大价值为：（1）读书会推动公共知识、组织知识和个人知识的转化与生产。书籍是公共知识的杰出代表。在全民阅读背景下，人们很容易读到好书。阅读促进个人知识和公共知识的交融共创。读书会通过在家庭、学校、工作单位等组织情境中开展活动，促进了阅读，从而促进了个人知识、公共知识与组织知识的交融共创。（2）读书会通常重视书友的参与感，给予书友较多的发言机会，很好地体现了知识的建构性。与传统课堂不同，大多数读书会活动鼓励书友表达自己的感受和想法，鼓励不同观点的交流碰撞，在很大程度上体现了以学习者为中心。其中，部分读书会通过"有温度和有深度的交流"体现了学习者和知识的"双中心"。另外，不少读书会为了现场书友能够更为轻松自在地分享，采取不录音、不录像等措施来营造安全的氛围。（3）读书会有助于参与者提升社交技能，发展良好的人际关系。读书会可谓是学习社群的典型代表，通常注重营造温暖的支持性环境，在相互尊重的基础上开展深度交流，让书友收获情感支持和智力支持，有利于书友的社会融入。书友从读书会学到的社交技能也可以迁移到其他情境中，有助于其积累社会资本。（4）读书会有助于书友获取和运用具体情境下的隐性知识。读书会深深嵌入具体情境，包括组织环境和身份角色等，并通过安全氛围下的充分交流使书友感悟到隐性知识。例如，在城市层面，很多读书会开展本地文化书籍的读书活动，开展本地走读活动，提升了书友与生活场景的嵌入度。（5）读书会有助于书友发展跨学科的知识结构。知识结构决定心智模式，可靠的跨学科知识结构塑造了成熟的、高阶的心智模式。书友在读书会的引导下深度阅读多个学科的整本书，在与不同的人讨论中，不断发展和完善自己的知识结构。（6）读书会提升了书友终身学习的能力。显然，读书会有助于书友爱上阅读、善于阅读，并养成阅读的好习惯，而阅读是终身学习的重要基础。另外，读书会倡导深度讨论、对情境的关注等，这些对于有效的终身学习是至关重要的。（7）读书会有助于书友将异化分裂的自己整合起来，形成完整的自我，并与世界和谐相处。读书会通过充分表达、情感支持和知识结构的完善等方式助推书友建构一个完整成熟的人格，促进人的幸福成长。值得一提的是，读书会是心理咨询师常用的辅导方式。此外，读书会各种各样，"总有一款适合你"，为不同个性的人提供了"学习型情感港湾"。（8）对于读书会运营者而言，读书会为其提供了门槛低、收获多的锻炼机会，有助于其发展更好的人际关系，甚至有助于工作任务的完成。发起和举办读书会并不困难（或者说，这是本书期待达到的效果）。同时，对于学校教师、企业管理者和图书馆馆员等人而言，读书会是更好地履行工作职责的备选手段；对于其他非正式组织身份的人而言，也是学习提升和发展人际交往的绝佳机会。

　　读书会拥有巨大的发展潜力，它的前景值得我们期待和努力。 第一，从数量上看，读书会越来越多，将更加普遍地出现在社会的各个角落。根据各方面了解的情况，我们可以预估我国目前拥有超过 7 万家读书会，数量还在不断上升，将来或许有可能超过瑞典的20多万家。第二，从质量上看，多种定位的优质读书会不断涌现，为运营者和参与者带来巨大的积极作用。我们希望这本书能够助推更多优质读书会诞生并实现内涵式高质量发展。第三，从效果上看，读书会能够为正规教育、正式学习和非正式学习赋能，大幅提升各类教育与各种学习的效果：在个体层面，推动个人的终身学习和全面发展，推动不同年龄和不同身份的人的幸福成长；在社会层面，推动学习型家庭、学习型组织、学习型城市和学习型社会的建设，推动各类社会群体的内涵式高质量发展以及它们之间的良性互动。另外，高质量的读书会生态建立之后，以学习社群的姿态助推更多人在具体情境更好地"做中学"，有可能缩短学制，减少社会资源的浪费。

本书的内容与结构

　　本书采用**跨学科整合研究**的视角，论述**读书会运营管理的现象及其背后的机制**。本书广泛汲取教育学、管理学、心理学和社会学等多个学科理论的成果，围绕一个个问题进行多视角探讨，包括教育学领域的终身学习、学习社群、深度学习、正式学习、非正式学习、学习型社会等，管理学领域的资源依赖理论、资源配置理论、运营模式理论、战略管理理论、权力五大基础、核心能力和规模经济等，心理学领域的安全型依恋、双性化、情感支持、情境兴趣理论、社会学习理论和埃里克森的人格发展阶段理论等，社会学领域的初级群体、次级群体、正式组织、非正式组织、社会融入、家庭、学校和工作单位等。

本书采用了**案例研究法和德尔菲法**。我在近 10 年时间里积累了 526 个读书会案例，在本书中提到了其中 80 多个典型案例。**案例材料主要来源于我的访谈和观察，也有源于文献阅读与整理的，多种材料相互验证**。我们将结构化的原始材料以叙事的方式呈现，在探索数据之间的逻辑关系、案例之间的模式匹配以及与现有理论比较的过程中，提炼或推导出读书会相关的实质理论。出于对隐私保护的考虑，我在书中通常不使用读书会的真实名称，而是使用字母代号，如 BC 读书会和 SZ 读书会等。关于读书会可持续运营的影响因素的探讨，我采取的是德尔菲法，邀请了国内 15 位读书会专家，进行了 4 轮征询。

本书大体上可以分为两部分：**理论篇**（包括第 1 章、第 2 章和第 3 章）和**实践篇**（包括第 4 章、第 5 章、第 6 章、第 7 章和第 8 章）。

理论篇通过理论推导和经验提炼两条路径，探讨读书会运营管理的实质理论。第 1 章讨论了**读书会定位**，分别探讨了用户定位、价值定位、规模定位和期限定位 4 个方面的分类及其影响因素。第 2 章阐述了**读书活动**的 9 个要素，详细讨论了读书活动的设计与组织。第 3 章提出了读书会生命周期及其影响因素，探讨了读书会运营动机、运营资源和运营模式等深层次问题。

实践篇基于各类读书会运营管理的良好实践（favorable practice）案例的分析，结合相关理论，探索各类读书会运营管理实践的相关问题，以及提出运营实践的参考建议。第 4 章讨论了**家庭读书会**（包括亲子读书会、夫妻读书会、祖孙读书会、兄弟姐妹读书会等）的特点及其运营建议。第 5 章讨论了**学校读书会**（包括师生读书会、同学读书会和教师读书会）的特点及其运营建议。第 6 章讨论了**工作单位读书会**（包括面向全体职员读书会和面向特定职员读书会）的特点及其运营建议。第 7 章讨论了**民间读书会**（分公益性质的和商业性质的，包括面向未成年人、中青年人和老年人的读书会）的特点及其运营建议。第 8 章讨论了**其他读书会**包括图书馆读书会、街道社区读书会、出版社读书会和其他媒体读书会）的特点及其运营建议。

现在，让我们正式踏上读书会探讨之旅吧！

第1章

读书会定位

读书会定位是读书会在面对基础性问题时划定的界限，即确定思考读书会运营问题的"根据地"。读书会定位的起点是运营者的动机，然后是确定为谁服务和提供怎样的服务，确定读书会的规模，并思考让读书会存续多久。换言之，读书会定位主要包括**用户定位**、**价值定位**、**规模定位**和**期限定位** 4 个方面，其中用户定位和价值定位是根本。当然，定位是一个动态过程，在读书会创办人的头脑中被构思出来之后，在实践过程中逐渐形成，并根据内外部情况变化进行调整。

用户定位、价值定位、规模定位和期限定位之间相互关联、相互影响。例如，企业面向新职员的读书会，往往由企业人力资源部牵头发起，为了推动新职员了解企业的战略、结构和文化，帮助新职员掌握胜任岗位所需的知识和技能，规模大小取决于新职员人数，期限往往是短期的。再如，一家倡导整本书深度阅读的研讨型读书会，其规模往往偏小，其用户受教育程度往往较高，凸显读书会的深度学习功能。读书会的规模定位从小规模调整到大规模，一般来说会对其他方面的定位产生以下影响：用户门槛下降，用户多样性上升；深度学习功能减弱，社交功能和休闲功能上升；

运营资源消耗增加，如果运营资源获取没有相应增加，更有可能是短期运营。

第1节　用户定位

数以万计的读书会的用户定位不尽相同。整体上，我国读书会已经覆盖到各种类型的用户。在企业内部，有专门面向管理者的读书会，有专门面向新职员的读书会，有部门发起的面向部门内部成员的读书会，还有工会发起的面向工会成员的读书会等。在政府机关内部，有面向特定人群的读书会，也有面向全体成员的读书会。在民间，读书会的服务对象更为广泛和复杂：YB 亲子图书馆、SYC 故事家族等以服务儿童为主，YL 书院、LLL 读书会等以服务老年书友为主，TH 读书会、BXZ 读书会等以服务大学生为主，YQY 读书俱乐部、SZ 读书会、WSZ 读书会、GGU 读书会、XD 读书会、MOS 书会、XQS 读书沙龙等以服务社会人士为主，ZMBA 读书俱乐部、FDH 校友读书会等以服务校友为主……

用户分类及特征

有些读书会并没有刻意对用户进行筛选。但是，有些读书会倾向于接受某几类用户，以隐蔽方式促使其他类型的用户不选择或离开读书会。坦白地说，**大多数读书会对用户类型具有一定的倾向性**。你的读书会倾向于哪些类型的用户？这是读书会运营管理的基本问题之一，读书会运营者应当坦诚面对这个问题。在理清读书会的用户类型倾向之后，运营者还需要了解这几类用户的特征与需求。

读书会用户的分类方式可谓五花八门、不拘一格，比较常见的分类依据有年龄、性别、学历、地理位置和关系等。

年龄在人的毕生发展中有着主导地位，身体、认知和社会角色的变化都是在特定时代背景下随着年龄的增长而发生。以年龄为分类依据，读书会用户可以分为儿童、中青年人和老年人等。基于我国教育阶段的安排，儿童可以再细分为婴幼儿（0~5 岁）、小学生（6~11 岁）和中学生（12~17 岁）。**皮亚杰**把儿童的认知发展阶段分为感知运动阶段（出生至大约 2 岁）、前运算阶段（2~7 岁）、具体运算阶段（7~11 岁）和形式运算阶段（11 岁及以上）[1]。**埃里克森**提出了 8 个阶段构成的毕生人格发展的一幅路径图，在这条道路上有 8 个岔路口——面临两个不同的前进方向，每一个岔路口都代表了人格发展的"危机"。人格发展的 8 个阶段是：（1）出生到 1 岁，基本信任感对不信任感。（2）1~3 岁，自主性对羞怯和怀疑。（3）3~6 岁，主动性对内疚感。（4）6~11 岁，勤奋感对自卑感。（5）青少年期，同一性对角色混乱。（6）成年早期，亲密感对孤独感。（7）中年期，繁衍感对停滞感。（8）老年期，自我完整感对绝望感。[2]**埃里克森认为，我们在解决这些危机的过程中培养"健康的人格"，并强调每一个危机的两种解决方式的和谐平衡。**例如，在第一个阶段，人格发展良好的人培养出占优势地位的信任感，同时也产生一定的不信任感——以适应这个世界。

1　简妮·爱丽丝·奥姆罗德. 学习心理学 [M]. 江玲，李燕平，罗峥，译. 北京：中国人民大学出版社，2015：227.

2　Jerry M.Burger. 人格心理学 [M]. 陈会昌，译. 北京：中国轻工业出版社，2021：110-115.

到目前为止，我没有见过仅限男性参加的读书会，但是见过不少仅限女性参加的读书会，如 CZ 读书会、HD 读书会、ZLR 读书会等。即使在没有性别限制的读书会里，通常情况下，女性书友多于男性书友。这种现象与性别角色有关，女性化常与依恋、合作和人际关系相关，男性化常与独立、果断和控制相关。显然，女性化与体现人际联系的读书会更为契合。但是，女性化和男性化并不是同一连续体的两端，而是两个独立的特质，人们可能在两个特质上都得高分（即双性化）。研究发现，适应最好的人是双性化的人。[1]长期以来，BC 读书会一直在努力培养双性化的人，既强调工具性又强调表达性，培养有温度、有深度的人。

用户的受教育程度不同，对读书活动的喜爱程度和读书心得的交流方式也会有所差异。通常，读书会用户具有较高学历。我们发现，参加老年读书会的基本都是退休的教师、工程师和公务员，具有较高的受教育水平。现在，中青年大多读过中学或大学，这是读书会蓬勃发展的土壤。在高校，一些研究生导师发起的内部师生读书会，对书本内容进行比较严谨的分享和讨论。在民间，受教育水平参差不齐，读书交流方式丰富多样。通常，学历较低的用户更容易接受讲座型读书活动形式，学历较高的用户更倾向于研讨型读书活动形式。

从地理位置看，读书会用户可以分为线上用户和线下用户，城市用户和农村用户、邻近用户和非邻近用户。首先，在互联网时代，很多读书会

---

1 罗兰·米勒，丹尼尔·珀尔曼.亲密关系 [M].王伟平，译.北京：人民邮电出版社，2011：26.

在举办线下活动的同时也举办线上活动，拥有一批线上用户。其中，有些读书会是纯粹的线上读书会，只举办线上活动，不举办线下活动，如 SKM 读书会。近些年，线上活动的数量在快速上升。其次，读书会的城市用户远多于农村用户，其背后原因可能涉及经济条件、文化氛围和受教育程度等因素。如果为农村用户提供读书交流服务，读书会主要有两种运营思路：一是提供类似于城市读书会的服务，吸引文化理念和生活习惯接近于城市人的读书人；二是为本地农村人组织有本地农村特色的读书活动。最后，大多数线下读书会吸引的是邻近用户，非邻近用户通常以线上用户身份参与线上读书交流活动。当然，不排斥某些非邻近用户很喜欢某家读书会，从另一个城市特地赶来参加线下活动。但是，这种情况比较罕见。有些读书会为了服务更多的线下用户，特意在多个地方建立分会，或者不固定活动场地，在同一城市的不同地点轮流举办读书活动。

从关系角度看，读书会用户可分为家人、亲戚、同乡、同学、师生、同事、客户、校友、网友、邻居、其他朋友和陌生人等。一般来说，同事、客户和师生关系相对拘束，其他关系相对自在。我在组织内部和民间都组织过读书会活动。我发现，一些人在单位读书会活动上倾向于迎合领导，"李总说得对"和"赵局长的发言让我们深刻认识到……"等表述在组织内部读书会活动上比较常见；同样是这几个人，他们在民间读书活动中更具锋芒，会使用"我不赞同你的观点，我认为……，理由是……"这样的句式发言。简而言之，**用户的关系和身份是读书会运营的关键影响因素**。

综上所述，读书会用户的分类方式有很多种，读书会运营者可以根据自己的关注点进行选择，并在实践的过程中进行探索与调整。

用户定位的选择

读书会的用户是动态双向选择的结果。有些读书会在发布的活动预告里就对参与者提出了要求，即设置了用户门槛。有些读书会在活动预告里没有对书友提出要求，但是其活动主题、活动形式和活动收费标准等隐含着对特定类型用户的倾向。当然，许多读书会运营者找不到足够多的理想的目标用户参与，就可能调整用户定位。当用户喜爱某家读书会时，他们倾向于经常性参加，以多种方式支持读书会的发展。当用户不认可某家读书会时，他们倾向于不再参加活动，不再是该读书会的用户。

基于观察与访谈，我们总结出读书会在选择用户时遵循的 8 种原则，分别是相似相吸原则、岗位责任原则、发挥优势原则、服务弱势原则、支持力度原则、随机便利原则、高质量原则和多样性原则。

相似相吸原则是指读书会吸纳与运营者相似的用户。LLL 读书会用户大多与运营者一样，是同一个小区的退休高级知识分子；SZ 读书会用户大多与运营者一样，是同一个城市的青年人；ZLR 读书会用户大多与运营者一样，是同一高校的文艺女教师。相似性是人际吸引的核心原因，相似让沟通更加轻松、顺畅。有些用户有所不同，但是如果这种差异正是运营者欣赏的，想要学习的，此时这些用户对运营者也会产生吸引力。

岗位责任原则是指读书会运营者基于岗位要求为特定对象举办读书活动。图书馆馆员为各种类型的书友分别举办匹配的读书活动，单位工会为工会成员举办读书会，人力资源部为新职员、管理层或者全体职员举办针对性的读书活动。把读书会办好，是某些读书会运营者胜任工作岗位的体现，或者是他们具有较强的工作责任心的体现。

发挥优势原则是指读书会运营者发挥自己的优势，让相应的用户受益。例如，KJ 读书会负责人对《非暴力沟通》非常熟悉，为这本书举办过几十场活动，吸引了一批又一批对这本书感兴趣的用户。HB 读书会负责人原来是小学语文教师，在民间举办了一期又一期的儿童读书活动，很多家长把孩子送过来参加。

服务弱势原则是指读书会为特定弱势群体举办读书活动。有些读书会到农村，为乡村儿童举办读书活动；有些读书会到养老院，为老年人举办读书会活动；有些读书会到社区，为盲人朗读适宜的图书。

支持力度原则是指读书会倾向于为支持读书会的用户举办活动，特别是支持力度比较大的用户。有些读书会每场活动向参与者收取 50 元或 100 元的费用，该费用高于活动成本，意味着它们只接受付费意愿较强的用户。有些读书会在确认能够收取符合心理预期的费用之后，才为企业组织读书活动。毫无疑问，营利性质的读书会基本上会采取支持力度原则，但非营利性质的读书会有时也会采取支持力度原则以获取运营资源。

随机便利原则是指读书会不设活动门槛，欢迎感兴趣的人参加。图书馆读书会大多采取随机便利原则，一般不会排斥感兴趣的人参加，以体现它们的公共服务属性。线下读书活动吸引的通常是不超过 1 小时路程的用户。出于用户便利考虑，有些读书会不固定活动场地，或者在多地设立分会，便于周边感兴趣的人参加活动。视频号直播读书活动为很多用户提供了便利，只要感兴趣，都可以观看、留言和申请连麦。

高质量原则是指读书会运营者邀请他们认为的高质量用户参加活动。例如，YQS 读书会的运营者并不是博士，但是他的读书会仅向博士开放；XYQ 读书会的运营者经常邀请企业家参加活动。

多样性原则是指读书会运营者有意识地邀请不同类型的用户参加活动，以增加现场分享的异质性，聆听不同类型用户的感受和观点，激发多角度、有意义的交流碰撞。

事实上，一家读书会的用户定位有可能基于多个选择原则，有主导原则和辅助原则。用户定位的选择原则受到运营动机的影响，也受到运营资源的影响。

第2节　价值定位

价值定位是读书会决定为书友创造什么价值，或者说决定回应书友的哪些价值诉求，体现了读书会存在的理由。

读书会价值的类型

基于多年的观察与访谈，我们把读书会价值总结为 4 个大类和 15 个小类。4 个大类分别为休闲功能、学习功能、交往功能和工作功能（见表1.1）。

表 1.1 读书会价值及其典型描述

价值大类	价值小类及其典型描述
1. 休闲功能	1.1 书友多了一个去处，可以来听听、看看。（消遣） 1.2 书友原本就喜欢阅读，或者在读书会影响下喜欢上阅读。（爱好） 1.3 书友认为读书会活动是一件有趣好玩的事情。（娱乐）
2. 学习功能	2.1 书友找到适合自己的阅读方法，养成良好的阅读习惯。（阅读素养） 2.2 书友提升了沟通表达能力，如能更有效地演讲或交谈。（沟通表达） 2.3 书友读了更多的书，拓展了阅读书籍的类型，了解了新的理念、知识和技能。（学习广度） 2.4 书友读书更深入了，交谈更有深度，对某些问题的看法更深刻。（学习深度） 2.5 通过聆听不同视角的观点，书友在学习广度和学习深度的基础上建构了更高阶、更可靠的知识结构。（知识结构）
3. 交往功能	3.1 书友可以让更多人认识他／她。（被认识） 3.2 书友可以认识更多人。（认识人） 3.3 书友之间进行表面性接触。（表面性接触） 3.4 书友可以通过与他人有温度、有深度的交谈，建立比较亲密的关系。（亲密关系）
4. 工作功能	4.1 书友将学习到的理念、知识或技能应用于工作，以提高工作绩效。（所学促工作） 4.2 书友将读书会获得的人脉关系应用到工作，以提高工作绩效。（人脉促工作） 4.3 书友通过单位内部的读书会增进同事之间的沟通，以提升协同工作的乐趣和绩效。（沟通促工作）

人都有**休闲**需求，只是强弱程度不同而已。罗素认为休闲可以消除忧伤、疲劳和精神紧张，让人重新找回平衡感。[1]一般来说，低龄儿童和退休老人的休闲时间较多，有钱有闲一族的休闲时间也较多。当然，一些休闲时间较少的工作忙碌的中青年人也有较强的休闲期待，他们希望在工作之余好好放松一下。不同读书会对休闲功能的态度大相径庭。通常情况下，学校读书会和单位读书会不重视休闲功能，家庭读书会、部分民间读书会和媒体读书会比较重视休闲功能。

作为基于阅读的学习社群，读书会满足书友的**学习**期待是题中应有之义。现实中有不少读书会的学习功能很弱，尤其是打着读书会旗号的客户开发群、休闲生活群。读书会的学习功能体现在培养阅读素养、提升沟通表达的能力、增加学习的广度、促进学习的深度和建构可靠的跨学科知识结构。目前，大多数重视学习功能的读书会在前三项表现不错，不少读书会在第四项"促进学习的深度"成效显著，少数读书会在"建构可靠的跨学科知识结构"取得令人满意的结果。

社交功能也是书友对读书会的普遍期待。人与人之间的关系可以分为：零接触；单相识（只有一方认识另一方，并没有实际交往）；表面性接触（包括表面的、非个人的交际）；亲密关系（发生一定程度的现实、深入的交往）。单相识的关系虽然是微弱的，但也是其他类型个人关系的基础；表面性接触一般是严格按照规定的角色进行交往，与职业身份有关；亲密关系则将伙伴看作一个独特的个体，理解并欣赏彼此内心对世界的主观看

1　赖勤芳. 休闲美学读本 [M]. 北京：北京大学出版社，2011：28-33.

法。[1] 人们可能与家人建立亲密关系，也可能与朋友建立亲密关系。超过三分之一（36%）的人认为友谊是他们目前"最亲近、最深刻、投入最多和最亲密的"人际关系。[2] 在家庭里组织读书会，有利于家人之间增进和发展亲密关系，成为"好朋友"；参加民间读书会，有利于认识更多的人、被更多的人认识，并有可能与其中一些人成为好朋友。在学校读书会和单位读书会中，表面性接触处于主导地位，亲密关系也时有发生。社交，可以作为主导目的，也可以成为满足其他需求的手段。班杜拉的社会学习理论论述了社会交往对学习行为的促进作用。社交增加社会资本，往往对工作产生积极作用，是很多人喜爱的休闲方式。一家读书会运行时间长了，不同深度的社交关系自然都会出现，包括亲密关系。例如，WSZ 读书会已经运行了 10 年以上，运营团队正是由一批"舍不得、放不下"的亲密书友组成。

工作是一个人获得生存和发展资源的活动。大多数读书会鼓励"书友将学习到的理念、知识或技能应用于工作，以提高工作绩效"，但是极少关注书友如何有效实现这种迁移。很多民间读书会排斥"书友将读书会获得的人脉关系应用到工作，以提高工作绩效"，担心此类业务推广给休闲功能和学习功能带来不利影响。单位读书会和教师读书会有可能重视"书友通过组织内部的读书会增进同事之间的沟通，以提升协同工作的乐趣和绩效"。

1　约瑟夫·P. 福加斯 . 社会交际心理学：人际行为研究 [M]. 张保生，李晖，樊传明，译 . 北京：中国人民大学出版社，2012：157.

2　罗兰·米勒，丹尼尔·珀尔曼 . 亲密关系 [M]. 王伟平，译 . 北京：人民邮电出版社，2011：208.

价值定位的影响因素

本书讨论的价值定位是指读书会真实的价值定位，并不一定是读书会运营者宣称的价值定位。有些读书会在活动预告中介绍了读书会的价值定位，只是把时髦好听的词语堆积成几个句子而已，他们的读书活动并不能体现这些价值定位。宣称的价值定位体现的是他们的公关理念和公关策略。这种言行不一的行为损害了参与者对读书会的信任，伤害了参与者的用户体验。

读书会价值定位的选择受到运营动机的影响，也受到运营资源的影响，即运营动机和运营资源是读书会价值定位的影响因素。

运营动机是影响价值定位的关键因素。关于运营动机，本书第3章第2节将进行细致探讨。此处简要介绍一下运营动机对读书会价值定位的影响。如果读书会突出休闲功能，通常不要求整本书深度阅读；分享环节比较自由，不要求系统深入地梳理书本要点；讨论环节比较自由，允许跑题，不要求符合逻辑的或聚焦深入的讨论；整个活动氛围会比较轻松自在，有说有笑。如果读书会突出社交功能，通常自我介绍环节的时间会比较长；讨论环节参与感强，每一位都有发言机会，通常不强调深度；每一位分享之后都有掌声。如果读书会突出学习功能，通常是领读人比较认真地准备分享，可能使用PPT或白板辅助讲解；讨论环节比较注重表达的逻辑性，不轻易跑题。如果读书会突出工作功能，通常是单位内的读书会，看重领导的意见，重视分享讨论内容与本职工作的关系；单位外的读书会则看重参与者的人数，在为参与者的工作提供便利的同时运营者能获得利润或其他好处。如果读书会运营者的主要动机是社会情怀，通常要看他们的社会情怀体现在哪些方面，读书会价值定位将会体现这些方面。

除了运营动机，运营资源也是影响价值定位的重要因素。关于运营资源，本书第 3 章第 3 节将展开细致探讨。此处简要介绍一下运营资源的来源对读书会价值定位的影响。如果运营资源主要依赖运营者的投入，且运营者的资源比较丰裕，那么运营者可以从容追求最初的运营动机的实现。如果运营资源主要依赖来自用户的服务性收入，那么用户的价值诉求将在很大程度上影响读书会的价值定位，有可能会在满足用户的浅层学习需求的同时制造知识焦虑。如果运营资源主要依赖外部合作和支持，那么外部资源提供方的意见对价值定位的影响就可能比较大。如果运营者的财务资源比较匮乏，又想坚持自己的个性化的运营动机，那么就需要他们的社会资本比较深厚，或者他们的人力资本（尤其是资源的整合能力）比较深厚，否则读书会难以持久运行。

第3节　规模定位

读书会规模有大有小。读书会在运行过程中可能改变规模定位。有些读书会原本无意扩大用户规模，只要持续有合适的人参加活动即可，或许几十人就够了，又或许后来不经意间发展到上百人。而有些读书会本意就是要吸引众多人来参加，有意识地争取参与者，人数有成百上千甚至更多。所以，需要说明一下，此处所说的规模定位有两种含义：一是运营者认为自家读书会比较合适的规模；二是运营者接受的自家读书会的实际规模。

规模的类型

考虑到规模对运营模式的影响，我们提出读书会规模定位的五分法和二分法。基于**五分法**，读书会规模分为微型规模（成员不超过 10 人），小型规模（成员 11~100 人），中型规模（成员 101~200 人）、大型规模（成员 201~1000 人）和巨型规模（成员超过 1000 人）。为了简便，我们经常使用**二分法**：小规模（不超过 100 人，即微型规模和小型规模），大规模（100人以上，即中型规模、大型规模和巨型规模）。

知名度高的读书会通常是大型规模或巨型规模。但是，中小型甚至微型读书会虽然没有知名度，数量却很庞大，散落在社会的各个角落。比如，10 人之内的微型读书会并不少见，家庭读书会基本上都是微型读书会，很多同学读书会、闺蜜读书会和部门读书会等也都是微型读书会。微型读书会有很多优势，也有不可替代的价值。微型读书会成员之间的关系比较紧密，运营资源要求低、消耗少，学习交流效果较好，值得我们高度重视和大力推广。

100 人是读书会规模很重要的分界点。如果读书会拥有 100 位积极参与者或者付费参与者，每月一期的读书活动就容易成行，读书会也容易持久。即使 100 位是关注者和参与者的混合，不定期举办读书活动的难度也不会很大，为可持续和进一步扩大规模打下良好的基础。很多读书会的规模发展到 **200 人**左右时碰到瓶颈。此时，读书会的核心圈已经形成，核心圈内部有更多互动，有形无形之中产生一定的排他性，新人难以融入。

规模定位的影响因素

不管选择小规模定位还是大规模定位，读书会运营者都有自己的理由。每一种理由既体现了运营动机，又受制于现实条件。我们总结出规模定位的 5 个主要影响因素，即读书会门槛设置、读书会开放程度、读书会成员异质程度、读书会规模经济、读书会运营资源状况。

读书会门槛设置就是对参加读书活动成员的学历、年龄、职业、缴费或分享准备程度等因素的一项或多项设置的最低要求。读书会门槛设置体现了读书会的价值定位和用户定位。整体而言，读书会门槛设置高一点，宁缺毋滥，读书会成员数量就可能少一些；读书会门槛设置低一点，多多益善，读书会成员数量就可能多一些。如果门槛设置低，读书会运营者需要问问自己：参与者是你的目标用户吗？门槛降低会给活动体验带来什么影响？

读书会开放程度是指读书会对报名参加活动或者加入读书会的开放程度。随着时间的推移，开放程度较高的读书会的规模逐渐变大。例如，WSZ 读书会最初只有几人，逐步发展到几十人，再到现在的几百人的规模。有些读书会的开放程度较低，仅限于特定组织或特定部门的内部人员参加，或者通过邀请确定参与者，读书会规模就比较固定。通常，商业性质的读书会和社会情怀驱动的公益读书会开放程度比较高，前者吸纳多样性用户来增加收入，后者期待让更多人受益以提升社会价值。

读书会成员异质程度是指读书会成员本身的条件、背景或问题的相似程度。异质程度低的读书会意味着成员本身的条件、背景或问题具有相似性。其好处是共同经验、共同语言比较多，使他们之间容易彼此认同，沟通比较顺畅，相似性产生吸引力，读书会的凝聚力比较强；不足之处是成员之间通常不会提出尖锐的质疑，读书会在学习功能方面容易停留在表面。异质程度高的读书会则相反，成员之间的差异较多，沟通过程中的思想碰撞可能比较多。通常，成员异质程度低，读书会规模较小；成员异质程度高，意味着包容性高，读书会规模容易变大。

读书会规模经济是指在特定条件下，读书会规模变大，读书会的平均运营成本下降。随着读书会规模持续变大，平均运营成本会出现拐点，则会出现规模不经济。为什么读书会存在规模经济？一种解释是群体的规模与群体成员间的合作程度、群体成员的参与度呈现负向相关关系，即随着群体人数的增加，成员之间的密切程度会降低。[1]除此之外，如果读书会重视深度学习、开展的是面对面线下活动，规模不经济拐点会出现得比较早。有些商业性质的读书会往往采用线上标准课程的方式，不组织深度互动的读书活动，其规模不经济拐点出现得要晚一些，更可能达到千万级规模。

读书会运营资源状况影响规模定位。我们将在第3章第3节讨论运营资源的类型与来源。在此，先探讨运营资源状况对规模定位的几条影响路径。第一，特定时间的读书会运营资源的存量影响读书会规模。随着读书会规模增长，所消耗的读书会运营资源也在增加。换句话说，读书会规模对读书会运营资源提出了要求，规模越大，要求越高。第二，读书会运营

---

1 WHEELAN. Group Size, Group Development, and Group Productivity[J]. Small Group Research, 2009, 40(2):247-262.

资源的增减趋势也可能影响读书会规模。例如，HSJ 读书会和 LGS 读书会的运营者在运营资源增长时盲目乐观，过快调整到过大的规模定位；当运营资源增长停滞或减少时，他们又过快调整到小规模定位，不久后便停办。第三，运营资源中的人力资本影响规模定位。有些读书会的小规模定位是过渡性尝试，运营者先尝试一下小规模读书会，积累一些经验，建立一些社会关系，等到信心更足了且认为有必要，他们再尝试运营大规模定位读书会。

第4节　期限定位

很多读书会办了一期活动就解散了，但也有长期运营的。在电影《奥斯汀书会》中，几个人共读交流了 6 本奥斯汀的代表作后就解散了。在电影《读书会》中，4 位女性组织每月一期的读书交流活动，持续了 40 多年。在现实中，SZ 读书会、BC 读书会、MOS 书会、WSZ 读书会、NJN 读书会等已经持续运行了超过 10 年。

短期运营与长期运营

我认为，短期运营和长期运营可以从两种视角进行定义：一是短于特定时长的运营是短期运营，长于特定时长的运营是长期运营；二是在可以预见的未来内停止运营是短期运营，在可以预见的未来内持续运营是长期运营。

基于第一种视角，我认为，如果一家读书会每个月都有读书活动，持续运行 3 年以上，就可被视为长期运营的读书会。第二种视角的思考对于读书会运营者来说是重要的，是否打算在可以预见的未来持续运行，在很大程度上会影响运营策略。

在实践中，短期运营的读书会更为常见。有些读书会在整个生命周期内甚至只举办过一场读书活动，以至于某些人认为读书会就是一场读书活动。值得指出的是，我们不能认为短期运营就是不好的。短期运营是读书会运营策略的合理选项。有些读书会的创建就是为一本书、一个话题、一门课程举办一次读书活动，活动结束了，读书会的价值已经彰显出来了，读书会的使命完成了，也就可以解散了。当然，有些读书会是因为定位和资源始终调整不到匹配的状态而终结，成为短期运营。

通常，长期运营意味着这家读书会经历过多次探索，在读书会定位或运营资源多次发生重大变化之后，通过调整一次次实现了定位与资源的再次匹配。例如，BC 读书会在 9 年多的时间里经历过 4 次重大探索，形成先后 4 个时期的定位：小规模定位的大学师生读书会；大规模定位的复杂运营的民间读书会；大规模定位的简约运营的民间读书会；小规模定位的简约运营的民间读书会。第一个时期，BC 读书会定位简单明确，运营资源要求很低，两者轻松实现匹配，快速进入稳定运行阶段。第二个时期，运营者身份发生变化，读书会定位发生了重大改变，对运营资源要求很高，运营者使用自己的积蓄来补贴运营成本，期待将来能够扭亏为盈。第三个时期，运营者没有实现第二时期的目标，个人积蓄消耗严重，不得不大幅降低运营成本，并从免费变成收取少量活动费，不再需要运营者个人为读书会补贴财务资源，达到新的匹配。第四个时期，外部环境发生了变化，运营者动机也发生了变化，运营者再一次寻找新的匹配，将读书会定位调整到小规模定位，并开始向团队运营模式转变。

综上所述，短期运营和长期运营都是读书会运营的合理选项。有些运营动机决定短期运营就足够了，有些运营动机倾向于读书会长期运营。读书会希望长期运营，就要考虑变化中的运营动机和变化中的资源情况之间的匹配关系。如果达到了动态平衡，就可以实现长期运营，如果达不成动态平衡，读书会就可能走向消亡。

可持续运营的影响因素

2021 年 3 月 26 日到 2021 年 5 月 23 日，我联系到国内 15 位读书会专家，采用德尔菲法，共同探索读书会可持续运营的影响因素。经过 4 轮反馈材料的匿名交流，专家意见逐渐趋于集中，形成 6 个一级影响因素和 13 个二级影响因素，所有影响因素的专家意见的变异系数均小于 0.25，且协调系数具有显著性。

相对于小规模定位读书会，大规模定位读书会可持续运营要求更高，难度更大。在第 4 轮征询中，我请专家给影响因素的重要程度打分，1 为"非常不重要"，10 为"非常重要"。

6 个一级影响因素的最终征询结果如下：运营者情况（小规模，8.92；大规模，9.04）、读书会定位（小规模，8.41；大规模，8.79）、用户情况（小规模，7.85；大规模，8.51）、制度与文化（小规模，7.41；大规模，8.68）、经费情况（小规模，6.43；大规模，8.75）和外部环境（小规模，6.17；大规模，7.65）。

13 个二级影响因素的最终征询结果如下：运营者的持续动力（小规模，

9.23；大规模，9.27）、运营者的资源能力（小规模，8.05；大规模，8.84）、读书会定位的明确性（小规模，8.54；大规模，8.65）、读书会定位的匹配性（小规模，8.09；大规模，8.50）、读书会的制度建设（小规模，7.06；大规模，8.70）、读书会的文化认同（小规模，8.35；大规模，8.20）、用户体验（小规模，8.92；大规模，8.92）、用户质量（小规模，8.00；大规模，7.34）、用户数量（小规模，6.54；大规模，7.97）、经费来源的充足性（小规模，6.42；大规模，8.20）、经费来源的稳定性（小规模，6.49；大规模，8.78）、外部支持（小规模，5.60；大规模，7.19）、应对外部环境变化的机制（小规模，6.91；大规模，8.03）。

　　为了简便，我把重要性平均值 0~1.99 分视为"非常不重要"、2.00~3.99 分视为"比较不重要"、4.00~5.99 分视为"一般"、6.00~7.99 分视为"比较重要"、8.00~10 分视为"非常重要"。在表 1.2 中，不同影响因素在同一方框内的排序意味着重要性平均值的高低，平均值高的因素排在前面；**粗体**意味着大规模定位和小规模定位在"非常重要"影响因素方面的不同。

表 1.2　可持续运营的影响因素

规模定位	因素级别	非常重要	比较重要	一般
小规模定位	一级因素	运营者情况，读书会定位	用户情况，制度与文化，经费情况，外部环境	外部支持
	二级因素	运营者的持续动力，用户体验，读书会定位的明确性，读书会的文化认同，读书会定位的匹配性，运营者的资源能力，**用户质量**	读书会的制度建设，应对外部环境变化的机制，用户数量，经费来源的稳定性，经费来源的充足性	
大规模定位	一级因素	运营者情况，读书会定位，**经费情况，制度与文化，用户情况**	外部环境	
	二级因素	运营者的持续动力，用户体验，运营者的资源能力，**经费来源的稳定性，读书会的制度建设**，读书会定位的明确性，读书会定位的匹配性，**经费来源的充足性**，读书会的文化认同，**应对外部环境变化的机制**	用户数量，用户质量，外部支持	

本章小结

读书会定位是读书会在面对基础性问题时划定的界限，包括用户定位、

33

价值定位、规模定位和期限定位。读书会定位是读书会活动的基础，与运营动机、运营资源和运营模式紧密相关。

1. **用户定位**就是为谁提供服务。用户的分类依据包括年龄、性别、学历、地理位置和关系等。不同类型用户的需求和特征有所不同。读书会在选择用户时基于一种或多种原则，这些原则包括相似相吸原则、岗位责任原则、发挥优势原则、服务弱势原则、支持力度原则、随机便利原则、高质量原则和多样性原则。

2. **价值定位**就是决定回应书友的哪些价值诉求。读书会具有 4 个大类和 15 个小类的价值，即休闲功能（包括消遣、爱好、娱乐）、学习功能（包括阅读素养、沟通表达、学习广度、学习深度、知识结构）、社交功能（包括被认识、认识人、表面性接触、亲密关系）和工作功能（包括所学促工作、人脉促工作、沟通促工作）。价值定位受到运营动机和运营资源的影响。

3. **规模定位**就是决定服务多少人。基于五分法，读书会规模分为微型、小型、中型、大型和巨型；基于二分法，读书会规模分为小规模和大规模。规模定位主要有 5 个影响因素，即读书会门槛设置、读书会开放程度、读书会异质程度、读书会规模经济、读书会运营资源情况。

4. **期限定位**就是决定运行多久。期限定位分为短期运营和长期运营。通常，长期运营是运营动机、运营资源与运营模式在动态变化中不断达成新的匹配的结果。读书会可持续运营的影响因素包括 6 个一级影响因素和 13 个二级影响因素。不同因素对于可持续运营的重要程度有所不同。

第2章

读书活动的设计与组织

　　读书会活动是践行读书会定位的核心事务。读书会活动包括读书活动和非读书活动，**读书活动**包括征文活动和读书交流活动等，**非读书活动**包括聚餐、观影、户外活动等。非读书活动主要是满足读书会成员的休闲期待和社交期待。有些读书会只组织读书活动，不组织非读书活动。**读书交流活动**是读书会最具特色的活动。本章主要讨论读书交流活动的设计与组织，其他类型的读书会活动可参考读书交流活动进行操作。

第1节　读书活动的核心框架及阐释

　　一场读书活动的举办需要考虑诸多因素，包括确定活动目的、活动主题、活动人员、活动时间、活动场地、活动形式、活动流程、活动规模、活动体验等因素，还包括谁来组织和怎么组织。

　　接下来，我们介绍举办一场读书活动的核心框架。任意一场活动都有它的**活动目的**（Aim）。活动目的源自运营者的运营动机和面向参与者的价值主张。活动是围绕活动目的展开的。明确了活动目的之后，我们就可以设想**活动主题**（Theme）、**活动人员**（People，包括参与者、领读人和主持人）、**活动形式**（Form）和**活动环境**（Environment）。读书会活动举办过程需要有人来**组织**（Organizing，即策划、筹备、实施和收尾）。

　　基于观察与访谈，我们提炼出举办读书活动的核心框架（见图2.1）。PTF是读书活动最核心的模块，三者之间相互影响；E是PTF的直接支持性条件，PTF-E决定了一场读书活动的核心体验；A-PTF-E就是一场活动的内在逻辑，而O来支撑这个内在逻辑的形成和实施。

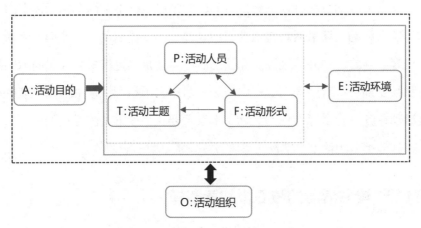

图2.1　举办读书活动的核心框架

A要素、E要素和O要素的阐释

　　举办一场读书活动的核心框架包含6个要素，我们首先讨论一下A（活动目的）、E（活动环境）和O（活动组织）这3个要素，然后再讨论PTF核心模块的3个要素。

A（活动目的）的阐释

读书会价值就是通过一场场活动体现出来的，价值定位（详见第 1 章第 2 节）决定了活动目的。公开陈述的活动目的未必是真实的。有些读书会宣称活动目的是推进全民阅读，但是分享嘉宾却没有谈到任何一本书，活动形式是户外运动；有些读书会宣称活动目的是推动整本书深度阅读，但是领读人并没有认真读完约定的书。显然，这些读书会宣称的活动目的是虚假的。事实上，这种情况并不少见。我们可以通过分析 PTF-E（即活动人员、活动主题、活动形式和活动环境）推断读书活动的真实目的，也可以通过访谈等方式，在明晰运营者动机（详见第 3 章第 2 节）的基础上，结合 PTF-E 推测活动目的。

E（活动环境）的阐释

活动环境影响读书活动的效果。在单位会议室、学校教室、家庭客厅还是小型温馨活动室举办？有没有投影仪？有没有提供茶水点心？有没有横幅、海报、引导牌或桌牌？有没有迎宾？有没有摄影？有没有背景音乐？有没有礼物赠送？这些问题都属于活动环境的范畴。活动环境是 PTF 的支持性条件，也体现了活动目的。显然，活动环境豪华并不意味活动体验好，更不能说这样的读书活动就是成功的，还是要讲究匹配。活动场地是活动环境的核心。我们将在本章第 2 节和第 3 章第 3 节进一步讨论。

O（活动组织）的阐释

一场完整的活动组织过程包括活动策划阶段、活动筹备阶段、活动实施阶段和活动收尾阶段。活动组织是一个非常重要的模块，我们将在本章

第 3 节详细论述，此处不再赘述。

PTF 核心模块的阐释

PTF 是读书活动的核心模块。T（活动主题）和 F（活动形式）要素将在本章第 2 节详细论述。在此，我们不再展开讨论 T 和 F，腾出空间来讨论 P（活动人员）中的几种角色——领读人、主持人、参与者和核心成员。

领读人

读书活动的分享者包括领读人，也包括部分现场参与者。领读人是指活动开展之前就确定的核心分享者，又称为领读者、分享嘉宾。**领读人的分享水平在很大程度上决定了读书活动的质量**。为了保证读书活动质量，我们提出"合格领读人"和"优秀领读人"的概念。考虑实际条件，我认为，只要做到"三个用心"（即用心读完、用心梳理、用心准备），就是"合格领读人"。这个标准并不是很高，有责任心的领读人投入一些时间都可以达到。"优秀领读人"的标准相对较高，除了在"三个用心"方面做得更好，还需具备"较好的沟通表达能力"和"较好的逻辑思维能力"，以推动书友的深度共同成长（见表 2.1）。

表 2.1　优秀领读人的标准

标准	说明
用心读完约定的内容	有的读书活动约定读完整本书，有的读书活动约定读一本书的部分章节，不管是哪一种，领读人都应该读完约定的内容。事实上，不少读书活动的领读人并没有做到这一点，"用心读完"的领读人就更少了。但是，领读人"用心读完"约定的内容对于读书会活动体验是很重要的。

续表

标准	说明
用心梳理书本和自己的观点	读完约定的内容之后，领读人应该用心梳理书本中的重要观点以及观点之间的关系，并与自己的观点进行比较，整理出让自己感动的观点、让自己疑惑的观点以及在阅读中产生的思考或应用设想。
用心准备活动现场的分享	领读人根据书本和自己的观点、根据预估参与者的情况以及场地条件，用心准备分享内容和分享方式，必要时使用黑板、白板或投影仪。
有较好的**沟通表达**能力	领读人以善于提出好问题或者讲故事来引发参与者的兴趣和思考，既能够用清晰的语言、简洁的结构深入阐述作者或自己的观点和情感，又能够用轻松有趣的方式进行表达，还能够根据现场参与者的反应调整自己的表达方式和分享内容。
有较好的**逻辑思维**能力	较好的逻辑思维是理性思考和深度讨论的必要条件。在论证时，领读者认真对待概念、命题及其推理规则。这样，领读人能够清晰、深入地表达自己的思维过程，便于熟悉逻辑规则的参与者进行清晰、深入的质疑和补充，以实现深层次的知识共创。

主持人

主持人是保障读书活动高质量、顺利开展的重要因素。主持人基于拟定的活动流程（必要时可以修改活动流程），通过穿针引线、承上启下，让不同角度、不同层面的分享能融为一个整体，让不同的思想和观点能够碰撞、融合、生发和共创出新的思想；通过鼓掌、肯定、赞美、鼓励等方式，推动参与者质疑、提问和表达，以实现相互学习、共同成长。

我认为，优秀主持人应该具有如下素质或能力：（1）亲和力：为领读人和参与者创建轻松开放的交流氛围，提升现场参与感。（2）表达能力：

简练、清晰地做好介绍、过渡和总结；吐字清晰、声音洪亮、语速适当。

（3）引导能力：善于总结分享者和参与者的观点，以幽默智慧的方式化解现场尴尬，引导现场的分享交流走向深入。

参与者

狭义上，参与者是指除了主持人、领读人和服务人员之外的参与活动的人员。读书会的参与者不仅是受众或听众，因为读书活动通常鼓励他们表达感受与观点，参与互动。显然，参与者的多角度分享和高质量分享提升了读书活动的宽度和深度。不同类型的参与者具有不尽相同的需求和特征，读书会活动的策划者、主持人和领读人应当予以考虑。

事实上，参与者可能是"被要求"来的，也可能是"被吸引"来的。"被要求"通常出现在单位读书会，也出现在其他类型读书会，包括明文规定参加、碍于面子参加、不参加会被惩罚（含隐形惩罚）。"被吸引"可能是出于好奇、礼品、活动环境等外部因素，也可能出于对交流书籍的喜爱、对读书会的信任等内在因素。"被吸引"体现了参与者对良好活动体验的期待。活动体验好，参与者将会主动再次报名参加，并愿意支付一定的活动费用，读书会更有可能持续运行。

核心成员

核心成员是读书会的"定海神针"。 核心成员认可读书会，经常参加活动，积极分享且分享质量较高，并愿意为读书会做一些事情。根据我们的测算，有20位以上核心成员，一月一期的读书活动就容易汇聚三五好友；如果有50位以上核心成员，一月一期的读书活动大概率会有10位以上的参与者。

　　读书会需要认真思考如何留住核心成员，这是可持续运行的关键问题。在此，我们介绍 4 种常见做法：（1）把读书活动办好，让良好的活动体验留住核心成员。（2）多聆听核心成员的感受和想法，并做出适当的回应。（3）给核心成员特别荣誉或特别服务，比如年度优秀书友称号、活动优先报名权和赠送小礼物等。（4）吸引部分核心成员成为运营团队成员，给予其更多的展示机会和学习机会。

第2节　读书活动的设计

　　读书活动的设计包括活动目的、活动人群、活动主题、活动形式、活动流程、活动规模、活动场地和活动频率等的设计。活动主题、活动形式、活动流程和活动环境的变化较多，我们将做比较详细的介绍。

活动主题

　　活动主题主要由活动目的决定，同时与活动人员和活动形式相互影响。在本节中，我们主要讨论 3 个问题：读书活动主题的常见类型、读书活动主题的确定方式、确定活动主题的影响因素。

　　活动主题是为了读书交流活动深入开展而预先确定的对象或范围。领读人围绕这个活动主题提前做准备，主持人围绕这个活动主题引导交流走向深入，参与者被这个活动主题所吸引，活动形式服务这个活动主题。基于多年的观察与访谈，我们梳理出读书会活动主题的 7 种类型（见表2.2）。

表 2.2　读书活动主题的常见类型

类型	描述
一本书	**一位**分享者或者**多位**分享者围绕**一本书**分享或交流阅读心得。这可能是一场活动，也可能是多场活动。多场活动可能是将一本书分拆为几个部分先后举办读书活动（如 BC 读书会将《心理学与生活》分为 6 部分，用 6 场读书活动做完这本书的共读），也可能是一个读书会多次举办同一本书的读书活动（如 KJ 读书会曾经在一段时间内多次举办《非暴力沟通》读书活动）。
一位作家	一位或多位分享者**围绕一位作家**分享其作品的阅读心得。这可能是一场活动，也可能是多场活动。例如，尼采作品系列读书活动，王小波作品专场读书活动。多次围绕一位作家举办读书活动的读书会可能直接以作家命名，比如张爱玲读书会、三毛读书会、德鲁克读书会。
一个话题	一位或多位分享者**围绕一个话题**推荐相关书籍，并结合个人经历分享或交流阅读心得。比如，BC 读书会举办过"成人的学习""健身"等话题的读书活动。
一个问题	一位或多位分享者**围绕一个问题**推荐相关书籍，并结合个人经历分享和交流解决方案。高质量地解决问题导向的读书活动对活动主持人和参与者有比较高的要求，包括准备水平、沟通能力和逻辑思维能力。此类活动的学习功能特别突出。
一门考试或课程	一位或多位分享者**围绕一门考试或课程**举办一系列的读书活动，包括交流学习材料、学习材料的阅读心得、备考策略与备考过程等。这种形式在美国大学中比较常见，称为 Study Circle（学习圈），突出了学习功能。
一个任务	一位或多位分享者**围绕一个任务**结合相关书籍、经验和思考，分享或交流推进这项任务的 5W1H[*] 的观点和做法，在现实中或想象中完成这项任务。有些单位读书会喜欢采用这种方式。

类型	描述
以上几种的组合	至少采取以上 2 种形式。例如，有些企业读书会采用 531 模式，即多位书友逐一分享读完一本书的 5 个印象深刻的观点或技能、3 个可以解决工作问题的观点或技能、基于 1 个观点或技能设想解决某个工作问题的 5W1H 行动方案。

★：5W1H 是一种常见的分析框架，即何因（Why）、何事（What）、何人（Who）、何处（Where）、何时（When）和何法（How）的分析框架。

读书活动主题由谁决定呢？第一种是活动主题由**运营者决定**。运营者根据读书会定位并考虑其他因素直接决定活动主题。这种做法的优点是可以直接选择一本有难度的书作为主题，或者是选择运营者本人非常感兴趣的主题；缺点是可能需要运营者联络或亲自充当领读人，且参与者的人数可能比较有限。第二种是活动主题由**分享者决定**。运营者允许或鼓励分享嘉宾自行决定分享的主题。这种做法的优点是容易找到分享者，缺点是分享者选择的主题可能与读书会定位不符。第三种是活动主题由**参与者决定**。由潜在参与者提出需求，运营者基于这些需求安排活动主题，或者运营者根据参与者意见整理出候选主题清单，再由潜在参与者投票决定。第四种是活动主题**由多方共同决定**，具体做法主要包括：（1）运营者根据自己的偏好决定主题候选清单，然后潜在参与者投票确定主题。（2）运营者通过问卷收集潜在参与者感兴趣的主题，然后结合自己的偏好确定主题。（3）运营者与分享者协商之后，确定活动主题。（4）领读人提出活动主题，由潜在参与者投票决定。

我们在前文谈到活动主题在很大程度上受活动目的影响，活动目的则

体现了运营者的运营动机和面向参与者的价值主张。接下来，我们从这个
原理出发，结合实际情况，探讨读书会确定活动主题的影响因素（见表2.3）。

表2.3　确定活动主题的影响因素

考虑因素	说明
书籍内容质量	1. 关于书籍内容质量，不同读书会有着不同的标准和看法。 2. 有些读书会基本上不设置任何限制；有些读书会对分享书籍的挑选比较严格，可能根据读完的书友的评价、作者、译者、出版社和网络评论等因素评判书籍内容质量。 3. 对书籍内容质量的较高要求，通常体现了运营者较强的学习取向、工作取向或社会情怀取向，往往更好地满足了参与者的学习期待和较高水平的社交期待。
喜好	如果主题符合运营者的喜好，则运营者更有意愿举办；如果主题符合参与者的喜好，则参与者更有兴趣参加。
难度	1. 不同读书会成员的学识基础不同，对同一本书的难度的评判也有不同。那么，主题难度的选择是根据运营者、领读人还是参与者的评判呢？是根据较高水平、较低水平、平均水平还是应有水平呢？ 2. 读书会选择"应有水平"或"较高水平"的难度，往往体现了运营者较强的学习取向；读书会选择"较低水平"或"平均水平"，往往体现了运营者较强的社交取向或休闲取向。
针对性	1. 个人和组织都有期待解决的问题，如果活动主题的准备、分享和讨论有助于解决这些问题，就意味着较高的针对性。 2. 针对性较高，往往体现了运营者较高的学习取向和工作取向，也往往满足了读书会的学习功能和工作功能。

续表

考虑因素	说明
话题性	1. 某些主题得到参与者的较多关注，并且交流氛围是安全的，这些主题就具有话题性。 2. 有些民间读书会倾向于选择话题性较高的主题，如亲子话题、沟通话题等，体现了运营者较强的休闲取向和社交取向。 3. 如果企业读书会、学校读书会能够营造安全的交流氛围，可以把大家关注的工作或学业问题变成热门话题，则凸显了读书会的学习功能和休闲功能。

活动形式

设计活动形式和活动流程是一个重要的技术活。很多时候，活动目的、活动主题和活动人员已经确定，成为约束条件，只有深谙活动形式和活动流程的设计之道，才更可能在实现活动目的的同时得到参与者的认可。我们可以在常见活动形式基础上对活动流程中的某些环节进行改造，然后设计出最适合自己读书会的活动形式和流程。

读书会常见的活动形式包括朗读、演讲、讲故事、一人讲书、多人多书、多人一书（即共读交流）和主题讨论等。

朗读与讲故事有所不同，朗读不能轻易增减字，讲故事可以增减字，甚至可以对文本做大幅度修改。朗读不能轻易增减字的特点让朗读者和聆听者更加注意文本细节，在一字一句中细细体会着作者和朗读者的思想和情感。基于访谈，我们总结出 4 种读书活动中的朗读方式。朗读方式不同，对朗读者的要求就不同，给朗读者和聆听者带来的价值和体验也有所不同（见表 2.4）。

表2.4　常见朗读方式及其意蕴

常见的朗读方式	对于朗读者而言	对于聆听者而言
辅以丰富的表情、夸张的动作，声情并茂地变速朗读	1. 对朗读材料很熟悉。 2. 以比较轻松的心态去"表演"。 3. 主要面向比较亲近的人，如孩子、爱人或好朋友。	1. 这是一种享受，体现了休闲功能。 2. 这种方式有助于建立和维持亲近关系。
出于真情实感，以自己喜欢的方式深情朗读	1. 这是一种享受，有时更能打动人。 2. 对朗读材料比较熟悉，并产生共情。 3. 不拘泥于朗读技巧，不拘泥于文本原旨。	1. 用心倾听有助于增加对朗读者的了解，体现了社交功能。 2. 休闲功能比较突出。
以朗诵比赛的标准朗读：普通话标准，字正腔圆，穿着、表情、姿势等比较正式	1. 朗读者需要经过长期的训练。 2. 在比较正式的表演或比赛场合使用，迎合特定标准。 3. 对朗读材料非常熟悉，正式朗读前需多次演练。	1. 在比较正式的场合看到，学习功能较强，社交功能较弱。 2. 这种朗读本身的休闲功能较弱，但是场地往往布置精美，增添了朗读活动的休闲意蕴。
类似于机器朗读，不带个人的真感情	1. 往往是为了完成任务。 2. 不需要或没有时间做事前准备。	1. 休闲功能和社交功能比较弱。 2. 能够听下去，意味着信息对于自己是重要的，具有一定的学习功能。

　　演讲，又称讲演或演说，是指在公众场合，以有声语言为主要手段，以体态语言为辅助手段，针对某个具体问题，鲜明、完整地发表自己的见

解和主张，阐明事理或抒发情感或宣传鼓动的一种语言活动。根据演讲方式的不同，我把演讲大致分为**读稿式演讲**、**背诵式演讲**、**提纲式演讲**和**即兴演讲**。根据演讲目的的不同，我把演讲大致分为**表演型演讲**（以求博得眼球，包括让现场变成笑场，也包括依照比赛评分标准等表演）、**宣讲型演讲**（让听众接受某种理念和观点，或者采取某种行为）、**论述型演讲**（基于比较可靠的事实，使用比较严密的逻辑，讲述一个观点或一系列观点的论证过程）、**情感型演讲**（演讲者有着强烈的真情实感，通过演讲将自己的情感表达出来）和**综合型演讲**（怀着多种目的，以多种演讲方式来实现这些目的）。通常，表演型演讲注重演讲技巧，宣讲型演讲注重价值观的鲜明性，论述型演讲注重论述的可靠性，情感型演讲注重真情实感的表达。

一般来说，单位读书会经常采用宣讲型演讲，以争取参与者认可组织文化和为组织目标奋斗。有些民间读书会经常采用表演型演讲或情感型演讲，有些民间读书会采用论述型演讲。论述型演讲出现最多的是中小学校的教师读书会、高校的师生读书会和企业内部的管理层读书会等。

头马（Toastmaster）演讲俱乐部举办演讲活动已有近百年的历史，其官方网站有一份 2020 年版的国际演讲比赛的评分标准（见表 2.5）。我将它翻译成中文，供大家参考。

表 2.5　Toastmaster 国际演讲比赛评分标准

构成		解释	分值
内容	演讲布局	演讲结构围绕着一个目的展开，包括开场、正文和结论。好的演讲一开始就能吸引听众的注意力，然后逐步推进，最终得出意味深长的结论。演讲结构中的推进过程应该有相关的例子和插图、事实和数字作为支撑。	20
	演讲效果	小部分可由听众的反应来衡量，主要还是依靠评分者的主观判断。评分者可根据以下问题做出判定：我能够确定演讲者的目的吗？这篇演讲与这个目的直接相关吗？听众的注意力是否被演讲者吸引住？这个演讲主题是否适合现场听众？	15
	演讲价值	演讲者有责任提供有意义的原创的内容。听众能够感到演讲者为推动他们的思考做出了贡献。虽然允许幽默的表达，但是表达的观点应该是更重要的。	15
表达	肢体表达	演讲者的外观应该加强演讲效果，无论是深刻的、悲伤的、幽默的还是指导的。演讲者应该通过手势、表情和身体姿势等肢体语言来支持观点。	10
	声音表现	声音应该抑扬顿挫，通过音高、音量和语速的灵活变化来强调演讲内容。好的声音能被清晰地听到，话语也容易理解。	10
	举止风格	演讲者应该充满热情和自信地讲话，展现出对听众的兴趣和对听众反应的信心。	10
语言	语言得体	演讲者应该使用与演讲目的和现场听众相符的词语，让自己的观点被清楚地理解。	10
	语言正确	演讲者应该精通所使用的语言：发音标准，语法正确。	10

注：Toastmaster. International Speech Contest Kit[EB/OL].[2022−10−05] https://www.toastmasters.org/resources/international−speech−contest−kit.

可见，Toastmaster 国际比赛评分标准体现了综合性演讲的要求。表演型演讲强调此标准中的"表达"和"语言"，论述型演讲强调此标准中的"内容"，尤其注重提供有意义的原创的内容，强调"演讲价值"。

讲故事的人可以充当我们的导游，带领我们超越事件的表象，达到事件的多个层面。"讲故事"活动是儿童最喜欢的读书活动，我国公共图书馆很多都开展了面向儿童的"讲故事"活动。但是，并不是所有儿童都喜欢听故事，通过调查发现，有近一半儿童并不喜欢讲故事活动。我认为，为了满足读书会成员的深层学习期待，最好讲真故事，讲亲身经历过或深入调查过的真故事。真故事更能打动人，也经得起追问和推敲。真实、典型的故事其实就是案例，**案例分析**是学习研究的一种经典方法。

我认为，读书会最具代表性的活动还是**基于书本阅读的交流活动**，可以细分为一人一书、一人多书、多人多书、多人一书和主题讨论 5 种形式。

一人一书和**一人多书**都属于一人讲书。领读人水平有高有低。领读人可能精心做过准备，也可能没有充分准备，就是来漫谈。一人讲书的活动质量直接由领读人的阅读水平和准备程度决定：阅读水平越高，准备程度越高，活动质量就越高。这种活动形式优点是容易找到领读人，缺点是难以找到大量的合格或优秀领读人。

多人多书，亦称为**阅读分享**，多位分享者各带上一本书进行分享。多人多书比较容易组织，参与感比较强。分享者根据自己的喜好挑选，并不一定需要精心准备；参与者可以听到多本书的分享，快速了解到多本书的内容与特点，并增加对多位分享者的了解。这种活动形式的休闲取向和社交取向比较突出。这种活动形式的问题在于分享质量可能良莠不齐，无法对某一本书做深入了解，也没有时间开展深入讨论。

多人一书，亦称**共读交流**，多位领读人读完约定的一本书，在活动现场进行分享讨论。多人一书的优点是分享视角多、分享讨论比较聚焦和深入，缺点在难以找到多位合格领读人、对主持人的要求比较高。这种活动形式的学习功能比较突出。为了降低难度或深度阅读，有些读书会将一本书分为多个部分，依次举办读书活动。例如，HGD 读书会为一本书举办几十场读书活动，BC 读书会为《心理学与生活》连续举办了 6 场活动。

主题讨论，顾名思义，就是围绕一个话题进行分享讨论。BC 读书会举办多场主题讨论。BC 读书会在发布活动预告时，通常会提供参考书目，参与者围绕主题自行准备，在活动现场结合自己的经验和思考进行分享讨论。主题讨论活动比较容易组织，但是要把体验做好非常不容易。主题讨论活动的分享者容易跑题，对主持人的要求非常高。主持人既要对主题有过精心准备，又能及时准确地引导现场讨论。

活动流程

读书活动可能有破冰环节、分享环节、问答环节、讨论环节、点评环节和结束环节。事实上，一场读书活动并不需要涉及以上所有环节。为了便于大家的理解，我制作了读书交流活动的流程图（见图 2.2）。有的读书活动就只有破冰环节、分享环节和结束环节，可控性很高；有的读书活动在分享环节之后，设置了问答环节，增添了互动成分，可控性较高；有的读书会分享环节之后，增加了讨论环节，或者既有问答又有讨论，互动成分就比较多，书友的参与感比较强，对现场参与者和主持人的要求也更高。我们发现，分享环节风格多样，在知识方面做得好，或者在情感方面做得好，也可能在两个方面都比较好。聚焦讨论和有深度的回答，有利于知识的增长。自由讨论和有温度的回答，有利于情感的满足。有些读书活动设有点评环节。单位读书会由领导作为点评人，师生读书会由导师作为点评人。

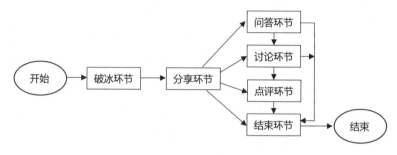

图 2.2　一场读书交流活动的流程图

简单的**破冰环节**就是主持人在活动开始时致欢迎辞，介绍活动流程，然后宣布活动进入分享环节。复杂的破冰环节可能包括：（1）活动前，现场循环播放着读书会介绍视频。（2）活动前，参加者填写签到表，领取和粘贴姓名贴。（3）活动前，参加者自行享用准备的糕点/饮品，然后各自去认识、交谈。（4）活动开始，主持人致欢迎辞，介绍活动流程，介绍参加者可能的收获。（5）活动开始，主持人引导开展一个破冰游戏。（6）主持人介绍参加者或连环自我介绍。

　　分享环节就是分享嘉宾围绕主题介绍相关的知识、经验、感受与思考的环节。分享环节是一场读书活动的核心环节。朗读、演讲、讲故事、讲感受、讲思考、讲书、角色扮演等是分享的具体形式。在分享环节，线上读书活动的体验与线下读书活动各有千秋。线上读书活动很方便，配上课件，看得清楚，声音清楚，文字提问等一目了然。但是，线上读书活动由于分享者看不清参与者的姿势和表情，难以快速得到反馈，情感因素下降，知识因素上升。线上分享活动的分享嘉宾也难以根据现场情况进行调整，所以要更加精心地准备分享内容，设计合理的分享方式。

问答环节就是提问和回答，参与者出于请教或者质疑提出问题，分享嘉宾给出回答。有时候，问答与讨论有重叠。比如，提问者的一个个问题环环相扣，分享嘉宾在答复的过程不断修正或深化原有观点，或者提问者和分享嘉宾不断深入地相互提问和回答，这些形式既是问答，也是讨论。简单的问答环节一般由分享嘉宾回答事先准备好的几个问题。复杂的问答环节可能包括：（1）活动前，提前收集参加者的提问，分享嘉宾在分享或问答环节做出回应。（2）活动中，分享嘉宾回答现场听众的提问。（3）活动后，分享嘉宾继续回答热情听众的提问。

讨论环节是参与者和分享嘉宾之间、参与者和参与者之间的思想观点的交流碰撞。很多读书会的活动没有讨论环节，但是讨论环节对于活动体验而言是非常重要的。讨论可以分为自由讨论和聚焦讨论。在自由讨论中，书友各抒己见，比较流畅地相互质疑、相互补充。自由讨论给人带来的体验是难以预料的，有时像人声鼎沸的集市，有时像此起彼伏的海浪，有时像富有旋律感的交响乐……在聚焦讨论中，书友围绕一个问题各自说明自己的观点及其理由，补充和质疑他人的视角、证据和论证过程，对于知识增长的好处非常大。聚焦讨论对主持人和参与者都有比较高的要求。如果人数超过 30 人，可以考虑**分组讨论**，派代表进行分享，每一组 3~10 人。

简单的讨论环节可以是自由讨论 30 分钟，复杂的讨论环节则包括自由讨论和聚焦讨论：（1）在每一位分享嘉宾分享之后，现场安排 5~15 分钟自由讨论；或者在活动接近结尾时，现场安排 30 分钟自由讨论；或者在活动结束之后，鼓励书友三三两两进行自由讨论。（2）围绕活动前征集或投票产生的问题进行聚焦讨论；或者在问答环节或第一种自由讨论环节之后，现场征集问题进行聚焦讨论。

简单一点的**结束环节**，就是主持人感谢领读人和参与者，并预告下一期活动。复杂的结束环节，可能包括：（1）主持人引导参与者总结自己的收获和分享自己的感受，如"你从今天的活动中学到了什么？""你能简短地说明这次读书会你的感受吗？"（2）主持人和领读人对本场活动进行总结。（3）主持人预告下一期活动。（4）现场书友相互告别。

活动环境

活动场地是活动环境的核心。线上活动场地包括 QQ 群、微信群、视频号、腾讯会议和钉钉会议等。线下活动场地包括家、书店、图书馆、咖啡馆／茶室、学校的教室／活动室、单位会议室和户外等。读书活动可以在线下举办，可以在线上举办，还可以线上线下协同举办。线下举办的好处是交互效率高、私密性较强，有助于培养情感和增加人与人之间的黏性。线上举办的好处是打破地理限制、打破人数限制，有助于参与者将注意力集中到分享者。线上线下协同有好几种做法，其中包括线上预热、最后一场活动在线下举办或线下线上同时举办。

关于线下活动环境，家庭、学校、企业和图书馆等都有自己的线下活动场地，民间读书会则需要寻找合适的线下活动场地。民间读书会寻找活动场所的办法有很多，包括通过与图书馆、企业或园区联合举办获得免费场地，也包括付费使用书店、咖啡吧和茶室等商业服务性质的活动场所。具有较高美誉度或较高知名度的读书会，容易拿到免费或优惠价的活动场地。同时，通常有不少参与者愿意为参加较高美誉度或较高知名度的读书会支付活动费。一般来说，讨论型读书活动建议把现场的座位摆成 U 形或圆形。15 人之内，一个内圈就可以；超过 15 人，可以考虑内圈不超过 7 人，其余的参与者坐在外圈，外圈可以有多层。坐在内圈的书友应该有比较充分的分享准备，有更多的发言机会。

关于线上活动环境，现在很多读书会通过微信群、钉钉群、腾讯会议、钉钉直播、微信视频号直播等平台举办读书活动。腾讯会议、视频号等平台可以同时打开摄像头和 PPT，可以看到参加者的评论，及时做出回应。相对而言，线上活动有一个核心的信息流，占据了有限的窗口，难以高频交互。如果要办讨论型线上读书活动，领读人需要做精心充分的准备，以保证分享的流畅和质量；主持人也需要精心地准备，随时补充分享或说明，并引导线上书友参与提问和讨论。讲座型活动在线上举办有 4 个优势：分享干扰少，录制简便，回放简便，参与人数不受限。例如，BC 读书会通过视频号直播《商业模式创新》分享交流活动，有 5000 多人在线参与了这场线上读书活动，另有近 1000 人观看了直播回放。

其他要素

除了核心六要素，读书活动设计还涉及活动体验、活动规模和活动频率等要素。

活动体验在广义上包括运营者的活动体验和参与者的活动体验，狭义上特指参与者的活动体验。运营者和参与者对于同一场读书活动的体验可能明显不同，因为目的不同。事实上，运营者活动体验和参与者活动体验都很重要。运营者的活动体验不好，可能不愿再举办活动；参与者的活动体验不好，可能不愿再参加活动。需要指出的是，在运营者询问下，参与者在公开场合表达对读书会的喜爱和感谢，并不意味着他们的活动体验真的好。这可能只是群体压力下的表现，体现了社交规范和社交技能，并不一定是他们的真实评价。关于活动体验，我们在活动形式和活动流程等多处另有论述。

活动规模与读书会的规模是不同的概念。**活动规模**是指一场读书活动中主持人、领读人和普通参与者的人数的总和。读书会的规模是读书会创建的社群的总人数，是多场读书会活动和宣传的成果。就一场读书活动而言，有些读书会为了提升参与感，让活动现场每个人都有较多的发言机会，将活动规模控制在 20 人之内，甚至是 10 人之内。有些读书会为了增加知名度和影响力，希望活动规模大一点，线下读书活动规模可能超过 100 人。一场读书活动不可能让 100 多人充分表达和讨论，所以通常采用一人主讲的讲座模式。在视频号等直播平台举办讲座型读书活动，规模是不受限的，可以大于 10000 人。

活动频率是指读书会多久举办一期读书活动。SZ 读书会在一周举办好几期读书活动，WSZ 读书会是每周一期，BC 读书会是每月一期，ZXQ 读书会是每季一期。除了亲子读书会，我们看到比较多的是每周一期和每月一期。每周举办活动，经常参加读书活动的书友易对读书会产生比较强烈的依恋，书友之间比较熟悉，运营者则要付出较多的时间和精力。每月一期活动，书友有较长的时间做准备，更可能把约定的书读完，读书交流可能比较深入，运营者付出的时间和精力大多在可接受范围内。每季一期活动，运营者只需要付出少量的时间和精力，通常是单位读书会的活动频率，部分民间读书会也会采用。ZXQ 读书会是民间读书会，原本是每月一期的，由于运营者精力不够和参与者人数不够，改为每季一期，让读书会得以续存。当然，除了定期举办的读书活动，也有一些读书会的活动是不定期的，可能某个月好几场活动，某个月又没有活动。不定期举办活动的运营者通常受限于运营资源，不利于书友形成对读书会的稳定的预期和归属感。

第3节　读书活动的组织

一场完整的读书活动的组织过程包括 4 个阶段：活动策划阶段、活动筹备阶段、活动实施阶段和活动收尾阶段。大体上，作为正式组织的、大规模的、营利性质的和表面社交导向的活动组织过程相对复杂，非正式组织的、小规模的、非营利性质的亲密社交导向的活动组织过程相对简单。

因为读书会定位和读书会资源情况等原因，许多小型读书会的组织者可能同时兼任读书活动现场的实施者、领读人和主持人，他们倾向于采取简洁的活动组织过程。

活动策划

活动策划就是**活动负责人或负责团队**围绕**活动目的**设想或初步确定**活**

动方案的关键环节或全部环节的过程。活动策划主要是脑力劳动，包括围绕活动目的进行搜索、设计和沟通等活动，最终形成简略或详细的活动方案。

我整理了活动策划阶段的极简版和完整版的操作内容（见表2.6）。你的读书会可以作为参考，选择适合的操作内容。

表 2.6　活动策划阶段的操作

极简版	完整版
初步确定**活动负责人**和**活动目的**，其他必要环节由负责人在后期酌情推进	1. 确定**活动目的**
	2. 设想 / 初步确定**活动主题**
	3. 设想 / 初步确定**活动时间**
	4. 设想 / 初步确定**活动形式**
	5. 设想 / 初步确定**活动规模**
	6. 设想 / 初步确定**活动场地**
	7. 设想 / 初步确定**活动流程**
	8. 初步确定**活动负责人**
	9. 设想 / 初步确定**活动资源需求**
	10. 设想 / 初步确定**经费预算**
	11. 设想 / 初步确定**重要合作方**
	12. 设想 / 初步确定**拟邀请的重要嘉宾**
	13. 其他策划事项

活动筹备

活动筹备就是**确定活动方案**，并基于活动方案做好**关键**或**全部**的准备**工作**的过程。为了简化，有些人把活动策划阶段作为活动筹备阶段的一部分。在本书中，我们把活动策划阶段和活动筹备阶段分开，活动策划主要是脑力劳动，活动筹备既有不少的脑力劳动，又有不少的体力劳动。

　　我整理了活动筹备阶段的极简版和完整版的操作内容（见表 2.7）。你的读书会可以作为参考，选择适合的操作内容。

表 2.7　活动筹备阶段的操作

极简版	完整版
确定活动方案的**关键环节**，与领读人、主持人没有重要分歧，发布**活动预告**和**接受报名**	1. 活动方案的确定
	2. 工作人员的确定
	3. 工作任务的细分
	4. 工作进度的管理
	5. 重要嘉宾的邀请与确定
	6. 主持人的沟通与确定
	7. 领读人的沟通与确定
	8. 合作方的沟通与确定
	9. 活动流程的确定
	10. 起草活动预告
	11. 发布活动预告
	12. 传播活动预告
	13. 接受报名

续表

极简版	完整版
确定活动方案的**关键环节**，与领读人、主持人没有重要分歧，发布**活动预告**和**接受报名**	14. 收取费用（若有）
	15. 活动提醒
	16. 现场实施方案的沟通与确定
	17. 所需设备和物料的准备
	18. 宣传方案的沟通与确定
	19. 应急方案的设计和确定
	20. 其他准备事项

现场实施

现场实施就是参考或根据活动方案在活动现场开展变通的或严格的**执行**。越是重要的读书活动，对活动方案的要求越高，往往也要求活动现场严格执行。但是，事实上，很多读书会并没有完整可靠的活动方案，依靠活动组织者或者活动主持人根据现场情况变通地执行，以确保较好的活动体验。

线上活动和线下活动的现场实施的构成要素基本一致，但是现场布置、迎宾、签到、资料发放、拍照摄影等具体事务的操作方式发生了改变。整体上，线上活动的现场实施要简单很多。但是，体验好的线上读书活动对领读人和主持人提出的要求可能更高。

我整理了活动的现场实施阶段的极简版和完整版的操作内容（见表2.8）。你的读书会可以作为参考，选择适合的操作内容。

表 2.8　活动现场实施阶段的操作

极简版	完整版
领读人做分享，活动**主持人**引导活动顺利开展	1. 现场内外的布置（含挂横幅、摆座位、置名牌、调设备等）
	2. 迎宾
	3. 签到
领读人做分享，活动**主持人**引导活动顺利开展	4. 嘉宾接待
	5. 资料发放
	6. 礼品发放
	7. 茶水服务
	8. 水果、点心服务
	9. 拍照摄影
	10. 领读人做分享
	11. 主持人引导活动顺利开展
	12. 组织者协助主持人和领读人完成活动流程
	13. 活动开展中的应急服务
	14. 其他现场事项

活动收尾

活动收尾就是活动**现场实施完成之后**到活动结束之前的一系列的行动过程。活动收尾阶段亦有简繁之分。我整理了活动收尾阶段的极简版和完整版的操作内容（见表 2.9）。你的读书会可以作为参考，选择适合的操作内容。

表 2.9　活动收尾阶段的操作

极简版	完整版
无，或者配上几句话将活动照片发到朋友圈	1. 活动现场的扫尾工作
	2. 撰写活动简报
	3. 传播活动简报
	4. 工作小组对活动组织过程进行总结
	5. 整理现场分享交流的文字、音频和视频
	6. 各种文件的存档
	7. 其他收尾事项

　　撰写和传播活动简报对于提升读书会知名度很有价值。事实上，我们也看到过夸大宣传的读书活动简报。这样做，读书会运营者可能得到某些好处，但是读书会参与者对读书会的信任减少了。完整的文字稿附上音频、视频在微信公众号发布，对于知识传播很有价值。但是，整理现场分享的文字、音频和视频比较花时间，特别是完整的文字稿，花费的时间精力可能几倍于现场活动。总之，你要根据读书会定位和运营资源情况做出选择。

本章小结

　　读书活动是读书会定位的具体体现。本章详细介绍了如何举办一场读书活动，涉及 9 个要素，即活动目的（A）、活动人员（P）、活动主题（T）、活动形式（F）、活动环境（E）、活动规模、活动频率、活动体验、活动组织（O）。

　　1. PTF 是读书活动的核心模块，三者之间相互影响。A 是活动设计的出发点，E 是 PTF 的直接支持性条件，PTF-E 决定了一场读书活动的核心体验；A-PTF-E 就是一场活动的内在逻辑，而 O 来支撑这个内在逻辑的形成和实施。

2. **活动目的**是读书活动的起点，源自运营者的运营动机和面向参与者的价值主张。公开陈述的活动目的未必是真实的，通过分析 PTF-E 推断读书活动的真实目的。

3. **活动人员**包括领读人、主持人和参与者。我们定义了合格领读人和优秀领读人，提出了优秀主持人的 5 个核心能力，指出了 2 种参与者及其影响，强调了核心成员是读书会的"定海神针"，并给出了 4 种留住核心成员的做法。

4. **活动主题**主要由活动目的决定，同时与活动人员和活动形式相互影响。我们论述了活动主题有 7 种常见类型、4 种确定方式和 5 个影响因素。

5. **活动形式**在广义上包括常见活动形式和活动流程。我们介绍了 8 种活动形式，即朗读、演讲、讲故事、一人一书、一人多书、多人多书、多人一书和主题讨论，以及它们的特征与操作；阐释了 6 个**活动流程**的环节，即破冰环节、分享环节、问答环节、讨论环节、点评环节、结束环节，以及它们的特征与操作。

6. **活动环境**的核心是活动场地。我们从活动的角度论述了线上活动场地和线下活动场地的特点以及优劣势。

7. **活动规模**是指一场读书活动中主持人、领读人和普通参与者的人数的总和。为了提升参与感，让活动现场每个人都有较多的发言机会，最好将活动规模控制在 20 人之内，甚至是 10 人之内；为了增加知名度和影响力，线下活动规模可能超过 100 人，线上活动规模可能超过 10000 人。

8.**活动频率**是指读书会多久举办一期读书活动，包括定期举办和不定期举办。定期举办常见的频率是一周一期、一月一期和一季一期。活动频率越高，成员之间越熟悉，对读书会越容易产生依恋，但是运营者需要付出更多的时间和精力。

9.**活动体验**在广义上包括运营者的活动体验和参与者的活动体验。事实上，运营者活动体验和参与者活动体验都很重要。参与者的活动体验主要由 PTF–E 决定。

10.**活动组织**包括 4 个阶段，即活动策划、活动筹备、现场实施、活动收尾。为了方便操作，我为每个阶段整理出极简版和完整版的参考事务清单。

第3章

读书会运营动机、
资源与模式

　　读书会定位是对读书会运营管理的基础性问题的回答。**读书会活动**是读书会定位的体现，是运营者与领读人、主持人、参与者的桥梁。**读书会的运营动机、运营资源和运营模式**是读书会运营管理的深层次因素。所有因素汇聚在一起，塑造了一家读书会从诞生到消亡的生命周期。

第1节　读书会生命周期

　　一个完整的**读书会生命周期**包括设想阶段、探索阶段、稳定运行阶段、再探索阶段、结束阶段（见图 3.1）。你的读书会现在处于哪个阶段呢？

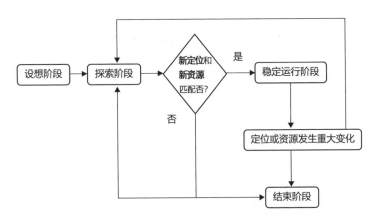

图 3.1　读书会生命周期流程图

在**设想阶段**，创办人思考自己为什么办读书会，打算为谁提供什么价值，将以多大规模运营，在运营过程中可能需要怎样的资源，如何获得或整合这些资源，即主要就是**思考**读书会定位（详见第 1 章）、资源情况以及它们之间的匹配关系。

在**探索阶段**，创办人将设想付诸实践，在实践的过程中探索运营动机、价值主张、用户、规模等诸多因素以及它们之间的匹配。在探索过程中，运营者往往会对设想阶段的定位进行必要的调整，也会对如何使用和获得资源的做法进行必要的调整，以求在实践中实现读书会定位的内部匹配以及与资源情况的匹配。

如果读书会在实践中没有实现新定位和新资源的匹配，读书会可能继续探索，也可能走向结束。事实上，在探索阶段之后就走向结束的读书会并不少见。如果读书会在实践中实现了读书会新定位和新资源的匹配，读书会就会步入稳定运行阶段。在**稳定运行阶段**，创办人或运营团队成员依照探索阶段沉淀的运营模式，围绕读书会定位为应对内外的新变化做出一些小调整，即整体上读书会定位与资源情况处于**动态平衡**状态。

在稳定运行了一段时间之后，运营者、用户或外部环境迟早会发生重大变化，使得原来的匹配关系被打破。有些读书会不再进行新的探索，而选择走向结束。有些读书会则进入再探索阶段。在**再探索阶段**，运营者再一次思考和调整读书会定位，再一次思考和调整资源整合方式，通过一系列的选择和行动再一次寻找读书会定位与内外部资源的匹配。如果实现了新的匹配，则再一次进入稳定运行阶段；如果无法实现新的匹配，则可能走向结束阶段。

在**结束阶段**，读书会定位与资源情况不匹配，运营者不再有意愿进行新的探索，逐步接受读书会走向结束的趋势，可能举办某种结束仪式，给读书会运营画上一个句号。

接下来，我们一起看看一位读书会负责人对 HQN 读书会整个过程的简要回顾。

十几年前，我创建了 HQN 读书会。我认为，阅读和交流对于人的成长和社会的发展很重要。我们找到了免费场地，借助互联网快速传播活动信息，读书会就这样办起来了。我们每周都聚在一起讨论约定的话题，一起研读经典好书，经常邀请大咖来做讲座。后来，越来越多的人想参加读书会。我们建立了几个主题小组，每个小组由一个小团队负责。很快，我们有 30 多个读书会 QQ 群，人数累计超过 1 万人。虽然 HQN 读书会是公益性质的，大家都没有从中获得报酬，但是读书会运营团队干劲十足。在运行了 7 年之后，我结婚生子了，需要承担更多的家庭责任，外部环境也变得对我们读书会不友好。我考虑过不停掉，让别人来做读书会负责人。但是，我无法肯定别人运营 HQN 读书会能够保持我所珍惜的味道。最后，我决定关闭 HQN 读书会。

我安排了一场告别活动，用投影仪播放着过去活动中的一张张照片，与书友们一起回顾着我们读书会的故事。在回顾中，我们一会儿笑，一会儿哭。最后，我们相互拥抱，彼此送上美好的祝福。HQN 读书会是我人生中最美好的回忆。

从 HQN 读书会负责人的表述中，我们可以发现，他有着学习和社会情怀等方面的运营动机，并将他关于读书会的设想付诸实践。最初的探索阶段比较顺利，读书会快速进入了稳定运行阶段。后来，想要参加的人员迅速增加，他们也成功完成了再探索，读书会调整为大规模定位，此时内外部资源还是匹配的，所以 HQN 读书会再一次进入稳定运行阶段。最后，读书会的内外部运营资源发生了重大变化，读书会定位没有发生变化，负责人不愿意再进行新的探索，决定让 HQN 读书会走向结束，并举办了结束仪式—— 一场读书会告别活动。

第2节　读书会运营动机

运营动机是引发、支配和维持读书会运营者采取行动的心理活动，主要体现在运营者办读书会的真实意图。评价读书会运营动机有 3 个视角：类型、强度和持久性。

运营者的身份

读书会运营动机最重要的影响因素是运营者的身份。**运营者的身份包括运营者处在哪种类型的群体中，在这个社群或组织中处于什么位置。**群体有哪些类型呢？家庭、学校、工作单位、民间社群……一般来说，党政机关单位、事业单位和企业单位的读书会的运营者通常是为了完成工作任务，社会团体、家庭和民间个人举办的读书会的运营者更有可能出于休闲和社交的运营动机。接下来，我们探讨不同类型群体的价值与特征。这些分析为本书第 4 章到第 8 章的读书会实践提供理论基础。

家庭

家庭是每个社会中最重要的初级群体，群体规模较小，成员相互照顾（包括照顾孩童、老人），建设和享受持久的亲密关系。笼统而言，家庭具有多方面的功能，包括性、生育、抚养与赡养、教育、情感、休闲与娱乐等。在现代社会中，亲密关系是"展现深层次真实自我"的理想途径[1]，并在维持个人和社会的稳定中起到重大作用。

一般来说，家庭结构存在四个亚系统：夫妻亚系统、父母亚系统、父母－子女亚系统、兄弟姐妹亚系统。[2] 家庭一旦形成，就出现了夫妻亚系统，夫妻之间相互支持，为对方提供安全和依赖；当第一个孩子出生，就出现了父母亚系统和父母－子女亚系统；当家庭中第二个孩子出生，就出现了兄弟姐妹亚系统。**家庭中的每一个亚系统都有特定的任务**。幸福成长导向的亲密关系需要家庭中的不同亚系统之间既要保持独立，又要保持联系：如果亚系统外的家人过多参与，将导致界限的混乱，比如孩子介入父母的争吵；如果亚系统之间过少联系，将导致界限的僵硬，比如父母忽视对孩子的教育。

换个角度，家庭的发展变化通常要经历四个阶段（即家庭形成、第一个孩子出生、孩子进入青少年时期、孩子长大成人后离家独立生活），每个阶段都有不同的发展任务，面临不同的主要问题和危机。在第一个阶段，某个家庭的儿子成了丈夫，另一个家庭的女儿成了妻子，两个人组建了一

---

1 弗朗索瓦·德·桑格利. 当代家庭社会学 [M]. 房萱，译. 天津：天津人民出版社，2012：111.

2 郑日昌. 心理治疗（一）[M]. 北京：北京大学医学出版社，2007：107.

个新的家庭，带着原生家庭印记的两个人需要相互适应和共同创造。在第二个阶段，如何养育孩子成为初为人父者和初为人母者的当务之急，此时夫妻关系面临新的挑战。在第三个阶段，孩子进入青春期后寻求更多的自主和独立，父母在养育方式上必须做出相应的调整。在第四个阶段，孩子用"他的背影告诉你：不必追"，家庭结构再次回到了夫妻亚系统，之后可能需要照看第三代，可能需要应对老年疾病等问题。

家庭成员运营和参与的家庭读书会包括夫妻读书会、亲子读书会、全家读书会等。通常，家庭读书会的情感功能和休闲功能特别突出，学习功能的凸显程度要视情况而定。

学校

学校是教育者（教师）贯彻国家教育方针，执行国家教育教学标准，有计划、有组织地对受教育者（学生）进行系统的教育活动的组织机构。一年年过去，各级学校不断地迎来新生，不断地送走老生。

幼儿园是充满快乐的地方，其教育属于学前教育，具有明显的休闲取向；其课程没有明显的区分，涉及语言、艺术、健康、科学和社会等领域。幼儿园学生在体验丰富多彩的活动中学到知识、获得提升。小学是接受初等教育的地方，学习成为小学生的重要任务，休闲取向逐渐弱化。小学生通常会感觉到学习压力，感觉到同伴之间的竞争，感觉到教师与科层制的非人格化管理。中学是以较高强度学习多种学科知识的地方。中考成绩和高考成绩在很大程度上影响人生。中学生的学习任务较重、学习压力较大，加上青春期的身心变化，很多中学生深刻体验过梦想、奋斗与忧虑带来的冲击。大学是开展教学、科学研究和社会服务的高等学府。大学生已经是成人，自主地做出选择，自行承担行为带来的结果，并为未来的职业生涯做准备。

教师和学生是学校里的两种主要身份。教师身份可以细分为任课教师、班主任和学校管理者。学生身份按照阶段可以细分为幼儿园学生、小学生、中学生、大学生。在学校，主要有 3 种关系——教师与学生、学生与学生、教师与教师。

学校读书会包括学校或学院发起的师生读书会、指导老师或任课老师发起的师生读书会，学生发起的阅读社团或同学读书会，学校或教师发起的教师读书会。

工作单位

为了获得生存和发展所需要的资源，人们需要工作。除了创业阶段的个体工作者没有工作单位，其他工作者基本都有工作单位。根据性质不同，工作单位可分为政府机关单位、事业单位和企业单位。单位性质不同，成员之间的互动方式就有所不同。通常，工作单位以财政拨款或市场交易的方式从外部环境获得资源，在内部主要以监管和交易两种逻辑分配资源，将部分内部运行成果反馈给外部环境，进而形成资源的内外部交换。

工作单位不是初级群体，而是次级群体。换句话说，工作单位不像家庭那样主要以情感为导向，而是以目标为导向。当然，情感是工作单位内部运转的润滑剂。但是，一般来说，监管和交易是工作单位内部运作的核心逻辑，以保证组织运转的效率。此外，一个工作单位的运行受到其性质、战略、结构、技术和规模等因素的影响。

工作单位里有上下级关系和同级关系。上下级关系分为直接上下关系和跨级上下级关系；同级关系分为同部门同级关系和跨部门同级关系。多数工作单位采用科层制管理方式：上级掌握了诸多资源的分配权，在很大程度上影响下级的行动方向。当然，也有少数工作单位采用合伙制，几个合伙人在协商基础上分工合作。有些组织在面对瞬息万变的市场时，为了迅速做出反应，给下级较大的决策权。

其他

除了家庭成员、学校成员和工作单位成员，一个人以更加独立的姿态参与到社会互动之中，包括亲朋好友、乡亲邻里、校友考友、买方卖方、协会学会、松散社群以及邂逅的陌生人等。

亲戚之间有着血脉关系，而且遵守一套人情往来的传统惯例，包括看望、送礼回礼、聚餐、帮助等。在亲戚群体内部发起的读书会并不多见。我有机会访谈过一个。这个亲戚群体中的一位长辈是爱好阅读的退休教师，子孙后代及他们的配偶也有不少爱读书的人。晚辈们在亲戚群发起了读书会，这位长辈也乐于听到和看到他们的阅读交流。从身份特征看，亲戚读书会类似于家庭读书会，也与民间读书会有些相似。

对于大多数人而言，好朋友是珍贵的。好朋友与读书会之间相互促进。好朋友通常是读书会启动后第一批成员，给读书会提供优质内容，给读书会运营者鼓励和支持。读书会提升一个人有温度、有深度的交往能力，读书会成员中容易出现好朋友，读书会活动又支持了好朋友的定期聚会。

在同一地区长大的人到了外地彼此称为老乡。老乡会很普遍，到目前我没有找到过老乡会内部组建的读书会。

邻里之间有着地理上的优势，低头不见抬头见，在生活中会有不少交集。通常，邻里读书会的休闲功能和社交功能比较突出，学习功能是否突出要看读书会成员的受教育程度和偏好。部分邻里读书会属于街道社区读书会，部分邻里读书会属于民间读书会。

在同一所学校求学或工作过的人之间彼此是校友，校友会举办读书会比较普遍。正在准备同一种考试的人们之间彼此是考友，考友围绕指定考试教材举办读书交流活动并不少，通常是短期的，学习功能特别突出。

一些商家会为现有或潜在的客户组建读书会。我看到不少业务员和商家等发起读书会。这些商家通常有发展业务的目的（工作动机），当然，他们也可能同时有着学习动机、社交动机和社会情怀等。

运营动机的类型

我从大量访谈中提炼出 5 种主要运营动机，即休闲、社交、学习、工作和社会情怀。运营者动机在很大程度上影响读书会的价值定位，但两者可能不一致。比如，一个商业性质的读书会的价值定位是学习、休闲和社交，而该读书会的运营动机却是获得经济回报，即工作。当然，读书会运营者可能同时有多种运营动机，此时有必要厘清主要动机和次要动机。而且，运营动机在实践过程中有可能发生变化，这是很常见的。**不管如何，厘清运营动机是读书会运营管理的基础性工作。**

学习动机

学习动机是读书会运营者的基本动机。读书会运营者的学习动机包括3类：（1）希望通过运营读书会促使自己学会读书，多读好书，养成良好的阅读习惯。（2）希望通过运营读书会促使自己多参加读书活动，并从读书活动的分享和交流中获得提升。（3）希望在处理好读书会运营事务的过程中提升策划与组织、沟通与协调等能力。

在多数情况下，具有第一类、第二类学习动机的人员，读书会运营者的动机比普通参与者更强、更持久。这两类学习动机的主要内容就是前文提及的读书会的"学习功能"：培养阅读素养、提升沟通表达的能力、增加学习的广度、促进学习的深度和建构可靠的跨学科知识结构。许多读书会运营者非常看重第三类学习动机。我们知道，成为班干部、学生会干部、创业者或单位管理者，通常需要经历一个复杂的过程，并且需要承担较大的风险。我们发现，谁都可以发起读书会，成为读书会运营的核心人物；只要愿意投入精力且愿意认真做事，大多数读书会都欢迎你成为运营者之一。简言之，运营读书会是门槛低、质量高的锻炼机会。

社交动机

读书会具有社交功能，具有"被认识""认识人"和结交"好朋友"的机会。读书会运营者在处理读书会事务过程中与普通参与者、与其他运营者有更多接触，可以被更多人认识，也可以认识更多的人，更有可能与普通参与者和其他运营者成为好朋友。

休闲动机

多年来，我们见过一些读书会运营者乘兴组织一场读书活动，尽兴之后就停办读书会。还有些读书会运营者不定期举办读书活动，有兴致组织一场，没有兴致就不组织。休闲是此类读书会运营者的核心动机。定期或长期组织读书会活动的运营者也可能存在休闲动机，借读书会活动与聊得来的书友交流一下喜爱的书，也不失为一件乐事。不过，定期或长期组织读书会活动的运营者通常还有其他的运营动机。

工作动机

工作动机是指运营者出于有利于工作的目的而组建读书会。工作动机在读书会实践过程中有多种体现方式：（1）向参与者收取超过运营成本的费用，获取利润。（2）向参与者推销产品，获取利润。（3）从政府或商家等第三方获得超过运营成本的资助，获得利润。（4）工作职责所在，如图书馆、人力资源部和工会等的成员基于职责组建读书会。（5）通过读书会增加社会资本，给工作带来好处。（6）有意识地提升知名度和美誉度。从访谈结果看，不同读书会运营者的工作动机强度相差很多，不少读书会运营者的工作动机是核心动机，也有不少读书会运营者的工作动机非常弱，其他运营动机才是核心动机。

社会情怀

社会情怀是读书会运营者比较普遍的运营动机，尤其是民间读书会的运营者。对于原本就喜爱阅读、人脉广泛的运营者而言，他们可能并不缺少合适的学习机会，也不缺少知心的亲朋好友，更不在乎微薄的活动收入，读书会也不是他们的职责所在。这些读书会运营者通常出于比较深厚的社会情怀，以运营读书会的方式承担社会责任，推动更多人的幸福成长和社会的良性互动。

运营动机对运营模式的影响

读书会运营模式可以分为个人主导简约模式、个人主导复杂模式、团队主导简约模式和团队主导复杂模式。运营动机对运营模式的影响主要有以下 3 条路径：

第一条路径是不同类型的运营动机隐含着对不同运营模式的倾向。出于休闲动机的运营者，将读书会视为摆脱外界束缚而处于自由的状态下追求身心愉悦的活动，所以通常满足于小规模定位，倾向于简约模式。出于社交动机的运营者，如果想要更多的人认识自己（单相识）或表面性接触，倾向于个人主导模式；如果想要找到志同道合的人深度交往，则更关注读书活动交流体验，倾向于简约模式。出于学习动机的运营者，如果想要在读书会运营中锻炼和提升自己，倾向于复杂模式；如果想要深度学习，倾向于小规模定位的简约模式。出于工作动机的运营者，通常利用组织资源，倾向于团队主导模式，组织资源的支持力度大小决定简约还是复杂模式。出于社会情怀的运营者，如果情怀被主流社会认可，倾向于团队主导模式；如果情怀尚未被主流社会认可，倾向于个人主导模式。

第二条路径是运营动机的强度影响运营模式的选择。首先，强度相对较高的运营动机成为主要动机，强度相对较低的运营动机成为次要动机，主要动机的类型对运作模式的影响较大。其次，如果动机强度较低，运营者就不会发起和运营读书会；如果动机强度非常高，运营者更有可能调用或整合更多资源投入读书会运营，使得复杂模式成为可能。

第三条路径是运营动机的持久性影响运营模式的探索。首先，运营动机不是一成不变的，有些运营动机比较持久，有些运营动机可能很快就会消退，消退的运营动机不再具有影响力，增强的运营动机则会重塑运作模式。其次，找到适合自己的读书会运作模式需要一定时期的探索，如果运营动机不够持久，可能会直接从探索阶段到结束阶段，不会进入稳定运行阶段。最后，相对而言，社交动机和社会情怀较为持久，学习动机的持久性要看具体的学习任务属性（有些学习任务可以在短期内被完成，其背后的学习动机因为被满足而快速消退），工作动机的持久性依赖于是否获得满意的回报。

简而言之，运营者的动机是读书会运营的关键问题，在很大程度上影响读书会定位和运营模式。读书会运营者的动机并非一成不变，在个人原因、读书会运营实际情况、外部环境的变化等因素的影响下，读书会运营者可能调整运营动机以符合他们当时内心的真实的信念和情感。

第3节 读书会运营资源

读书会运营离不开资源。读书会运营资源包括运营者所拥有的运营资源，也包括运营者所整合的运营资源。

运营资源的类型

读书会运营资源分为物质资源和精神资源。运营物质资源主要包括活

81

动场地、活动材料和财务资源；运营精神资源主要包括人力资本、社会资本和心理资本。

活动场地

活动场地是读书会运营的基础性资源，包括线上活动场地和线下活动场地。我们在第2章第2节从"活动环境"角度对活动场地进行了探讨。此处，我们侧重于从资源角度讨论活动场地。

线上活动场地的优势是打破地理限制和人数限制，不同地区的书友均可以参加，书友在任何地方通过手机或电脑就可以参与读书活动。通常，线上活动的交互效率偏低，更适合讲座型活动。如果参与人数比较少，比如三五好友，虽然互动效率低，推进速度慢，但是参与者趁机想一想、听一听、说一说，也可能是一场体验不错的讨论型活动。新的线上活动平台对读书会比较友好。例如，视频号把PPT、视频和评价等功能整合到一起，领读人可以顺畅地分享自己的观点与感受，并在主持人协助下和参与者比较流畅地互动。

线下场地的优势是面对面互动效率高，容易建立情感链接。家，是一个很私人的空间，通常只作为家庭读书会的活动场地，偶尔作为少数比较亲近的书友参与的读书活动场地。书店是与读书会活动契合度很高的场地。然而，不同书店对读书会的态度大相径庭，有的允许读书会免费使用，有的向读书会收取几十元、几百元甚至几千元场地使用费。图书馆活动场地是民间读书会不错的选项。同时，图书馆对读书会活动的要求差异很大，有的图书馆对读书会活动的要求很少，但有的图书馆对读书会提出的要求比较繁杂和严格，以至于民间读书会"敬而远之"。学校的教室、活动室可以作为活动场地，一般只向学校读书会开放。工作单位会议室可以作为活动场地，一般只向单位读书会开放。咖啡馆、茶室等营业性场所也是各类读书会可以考虑的，环境优美温馨，场地使用费可以谈，优秀读书会大概率可以拿到比较优惠的场地使用费。草坪、亭子等户外场地也有被当作读书活动场地的，但是周边声音嘈杂。

活动材料

不同读书会对活动材料的需求差别很大。有些读书会对活动材料的要求很低。比如，活动现场只需要椅子或凳子，大家围起来就可以开始读书交流活动。有些读书会对活动材料的要求稍高一点。比如，需要有桌子，便于书写或者放置物品；最好有投影仪或白板，可以借助文字、图片、音频或视频辅助讲解；配些饮品零食更好，给赶来参加活动的人补充一点能量，或者增加一点温馨感和愉悦感。有些读书会对活动材料的要求就更高了。比如，为参与者准备一些小礼物，制作导引牌、桌牌和海报，挂横幅。

财务资源

财务资源在本书中指读书会可以使用的流动资产，尤其是货币资金。活动场地和活动材料有可能是读书会原本就拥有的，也有可能是通过外部合作与支持来获得。对于某些读书活动而言，读书会需要为更合适的场地支付一些费用，或者购买一些特殊的活动材料。此外，有些读书会需要给专职人员发工资，有些读书会需要补贴志愿者交通费、通信费、餐饮费，有些读书会需要货币资金作为奖赏性权利的基础。显然，读书会掌握一定的财务资源，运营就会变得简单很多、有效很多。

人力资本

读书会的人力资本是指完成活动策划、活动组织、现场布置、领读、主持、交谈、摄影、编辑、美工等读书会运营事务背后的体力、知识与技能。读书会人力资本来自读书会运营者，也来自读书会的领读人、主持人和参与者。不少读书会对运营者、领读人和主持人以及参与者进行挑选与培训，是为了增加读书会的人力资本。

一般来说，人力资本在使用过程中会得到提升，这也是很多人运营读书会的重要原因。但是，随着人力资本水平提升，运营者的时间机会成本也在上升。如果运营者不能从读书会得到足够的回报（包括内在精神回报），他们可能离开读书会运营团队。

社会资本

社会资本对读书会运营很重要，包括创办人在初期利用其人脉关系找到第一批参与者、找到活动场地、招募到运营者等，也包括运营者在读书会运行过程中使用他们的社会关系网解决各类问题，还包括一部分书友利用其社会资本支持读书会运营。

读书会社会资本水平受到 3 个因素的影响：一是读书会社会网络的规模或者数量，网络规模越大，社会资本水平越高；二是读书会社会网络的密度，即网络成员之间相互联系的紧密程度，网络成员关系越紧密，社会资本水平越高；三是读书会社会网络中所嵌入的资源，嵌入的资源越丰裕，社会资本水平越高。值得一提的是，互惠原则是社会资本的原动力。如果只索取不回报，这段关系中的信任就会受损，可能会导致关系的终结。

心理资本

读书会的心理资本主要是指读书会运营者有干劲，对读书会的未来有信心，也体现在书友相信读书会能够满足他们的期待。如果一家读书会运营者没有干劲了，不愿意投入时间，并且书友对读书会不再有期待了，这家读书会离结束阶段也就不远了。

读书会心理资本的消耗和重组时刻在发生。第一，当运营者发现很难达成目标，信心动摇时，意味着运营者的心理资本被消耗；当运营者不断实现目标，信心增加时，心理资本也在增加。第二，当参与者发现读书会活动体验没有宣传的那么好时，意味着参与者的心理资本消耗了；当参与者认可和喜爱读书会时，参与者的心理资本在增加。第三，在高度不确定下的环境中运营读书会，运营者在探索中和等待中也在消耗心理资本。第四，随着时间的推移，读书会运营者可能会出现倦怠，对读书会运营兴趣下降，这也是运营者的心理资本消耗的表现；而当读书会得到多方的认可和鼓励，且运营者重视这些认可和鼓励时，心理资本增加。

运营资源的来源

读书会运营过程伴随着资源的使用、消耗和获取。运营资源主要来自运营者投入、参与者投入、外部合作与支持。

运营者投入

如果读书会运营者是正式组织或以正式组织成员身份运营读书会的个人，比如政府机关读书会、图书馆读书会、企业读书会等，那么，政府机关、图书馆和企业等所在单位将为读书会注入一定的运营资源。如果读书会运营者是民间人士，没有组织资源的支撑，则通常需要在前期以个人身份投入必要的运营资源。事实上，我国大多数民间读书会没有实现盈亏平衡，运营者不断"奉献"运营资源才使读书会运行得以持续，体现了他们的社会情怀和志愿精神。

参与者投入

参与者认为读书会是有价值的，他们就可能愿意支付一点费用或提供其他资源。如果参与者缴纳会费或活动费，这些就成为读书会的服务性收入。有些读书会采用参与者众筹方式来解决资源问题。服务性收入和众筹的意蕴是不同的：**服务性收入**通常是读书会运营者和参与者基于自愿平等的市场交易逻辑实现的；**众筹**只有一方——读书会投入者，投入者未必基于平等的市场逻辑，很多时候体现了他们对读书会的支持和奉献。此外，参与者除了提供财务资源之外，也可能利用他们的时间、能力和社会资本为读书会做些事情，还可能是通过感谢和鼓励增加读书会运营者的心理资本。

在参与者投入转变为服务性收入的过程中有一个有趣的现象。人是有血有肉、复杂完整的个体，期待在安全氛围下进行有温度、有深度的交流。人的复杂性要求活动主题、活动形式的多样性；安全氛围要求不录音、不录像；有温度的交流要求人数较少，以保证充分的参与感；有深度的交流要求领读人和参与者有较多的准备，共创高质量的读书活动。如果这样做，读书活动是非标准的，活动人数是少的，活动内容是共创的，那么服务成本非常高，服务的边际成本也很高，无法向很多人收费，无法收取较高的费用，读书会基本不可能盈利。与此相对应的是，某些商业性质的读书会，提供标准化的线上课程服务，服务的边际成本很低，参与者的人数可以达到几百万、几千万，进而获得巨额利润。所以，我认为，高质量交互型读书会很难实现盈亏平衡，外部支持是高质量交互型读书会持续运行的必要条件。

外部合作与支持

外部合作是大多数读书会获得运营资源的常见方式。比如，企业人力资源部联络企业工会、企业妇联等一起联合举办面向企业职员的沟通类或技能类的读书活动；民间公益读书会寻找图书馆合作，图书馆提供免费场地和宣传，民间读书会提供领读人和组织参与者。事实上，读书会经常与其他主体联合举办读书活动，而联合举办有助于提升社会影响力、突破主导者的资源限制、降低活动失败风险。读书会潜在合作对象的类型很丰富，包括其他读书会、图书馆、学校、企业、书店、咖啡吧 / 茶馆、街道社区等。

除了点对点式合作，还有平台式合作。在我国，一些全国性和区域性的读书会平台发挥着推动全民阅读的重要作用，比如韬奋基金会阅读组织联合会、深圳市阅读联合会、南京领读者联盟、广州公益阅读、浙江省社科联"浙里·悦读"联盟、温州读书会联盟等。加入读书会平台，读书会可能获得知识、宣传、经费等方面的支持。一个完整的读书会平台是由读书会的组织者、参与者、研究者、监管者和支持者等多种类型相关利益主体组成的生态系统。读书会平台的研究者，有可能是中国新闻出版研究院、浙江省树人阅读研究院这样的专业机构，也可能是河北大学赵俊玲团队等研究团队，还可能是本地图书馆馆员以及我这样的独立研究者。

支持和合作，两个概念的内涵是有差异的：支持意味着鼓励或援助，合作是以共赢为目的。在实践中，支持中有合作，合作中有支持，加上双方对彼此作用的估值不同，可能一方认为是支持，另一方认为是合作。

某些地方的政府部门会给优秀读书提供支持，比如书香中国·北京阅读季授予部分优秀读书会负责人以"金牌阅读推广人"称号，深圳市委宣传部等通过深圳市阅读联合会给予当地优秀读书会资金支持，浙江乐清市委宣传部等曾经通过"书香乐清·读书之城"项目给优秀阅读社团资金支持。除了政府部门，读书会也可能从基金、企业或者其他读书会等处得到支持。

运营资源对运营模式的影响

运营资源对运营模式的影响主要体现在如下几个方面：第一，个人主导者的各类运营资源都比较丰裕是个人主导模式的重要条件。运营资源的短板效应决定了读书会能否运行，权责对等原则也要求个人主导者的运营资源比较丰裕。第二，两人及以上的运营者有着共同的目标、优秀的沟通能力和投入一定运营资源是团队主导模式的重要条件。未能与其他潜在运营者找到共同目标是读书会发起人最终没有选择团队主导的核心原因。优秀的沟通能力是寻找共同目标的重要基础，也是协调读书会运行过程中的任务冲突和利益冲突的必要条件。无论是时间还是财务或者其他运营资源，潜在运营者须将相当多的资源投入读书会运营，否则只是充当协助者或顾问，不是真正的运营者。第三，读书会运营资源丰裕程度非常高，读书会才可能长期采用复杂模式。复杂模式消耗的运营资源多于简约模式。很多读书会运营资源其实并不是非常丰裕，却采用复杂模式，自然难以长期举办活动。当然，为了增加读书会影响力和吸引更多参与者等原因，不少读书会可能会临时性、策略性地采用复杂模式。第四，读书会运营资源不是非常丰裕是读书会采用简约模式的重要原因。很多读书会的运营者都是兼职的，利用业余时间举办读书活动；很多读书会的活动都是免费的或象征性收费，读书会运营者大多没有劳动报酬；大多数读书会都没有得到过政府资助或企业赞助，而是通过运营者奉献和象征性服务收入来维持运行。此外，运营资源丰裕并不必然选择复杂模式，因为使用资源是有机会成本的，运营资源投入读书会运营，就意味着这些资源失去了从其他项目中获取价值的机会，而且保有一定的资源裕量是对抗风险的重要手段。

第4节　读书会运营模式

读书会运营模式是读书会运营管理的核心逻辑和战略选择。读书会运营模式的描述方式可详可略，详细方式是以画布形式将关键要素的关系呈现出来，简略方式是**运营模式四分法**，以团队主导还是个人主导、简约运营还是复杂运营两个维度划分出 4 种运营模式。**读书会运营模式画布**的 4 个模块和 11 个要素包括读书会定位（价值定位、用户定位、规模定位、期限定位）、读书会活动（活动设计、活动组织、活动体验）、运营动机（动机类型、动机强度）和运营资源（资源类型、资源来源）。我们可以使用**系统循环图**将这些模块和要素联系起来，形成逻辑清晰的运营模式画布。

运营模式的类型

运营模式四分法是我在对数百家读书会的调查中逐步形成的，以简洁的方式揭示了读书会的运营特征。个人主导是指读书会运营相关事务基本由一个人决策与执行，团队主导是指读书会运营相关事务由两人或两人以上共同决策或执行。简约运营是指读书会运营事务比较简约，如活动主题确定过程简约，活动形式比较单一，迎宾环节、活动总结、宣传横幅简约或没有等；复杂运营是指读书会运营事务比较复杂，在活动主题确定过程、活动形式、活动总结、活动现场等事务中的多个方面做得比较周全。接下来，我们结合案例增进对 4 种运营模式的理解。

（一）个人主导简约模式

ABT 读书会已经运行了 15 年多，由个人发起，不定期举办活动，没有活动总结，没有刻意追求外部合作。发起人一直都是 ABT 读书会的唯一运营者，其运营动机首先是出于兴趣爱好，其次是期待通过读书会促进深度学习，而读书会对其工作亦有所助益。运营者家境殷实，酷爱读书，喜爱交谈，人缘好，人脉广，拥有比较充裕的个人资源。在长期的双向选择之后，ABT 读书会的 3 个微信群聚集了 800 多位书友。ABT 读书会的活动是不定期举办的，活动形式灵活，三五好友即可成行，活动费用 AA 制。累计举办过 300 多场读书活动，运营者没有感到财务压力和时间压力。

个人主导简约模式最为常见，占调查样本的 46.2%。个人主导的读书会也可能有运营团队，只是关键决策由某个人做出，并由他承担主要运营事务，其他运营团队成员则起到协助或顾问的作用。个人主导简约模式下的读书会往往具有如下特征：第一，运营者通常热爱阅读和热爱交流，从读书会运营中获得内在精神回报。第二，运营者通常重视掌控感，宁愿自己多承担一点，也不愿过多委托他人处理运营事务。第三，运营者将有限的资源用于保障读书交流现场的体验，活动预告、现场布置和活动总结等非核心环节能简则简，活动形式比较单一和稳定。

（二）个人主导复杂模式

BC 读书会已经运行了 9 年多，为不同年龄和不同身份的读者举办针对性的读书活动，对读书活动质量和活动体验有比较高的要求，累计举办过 200 多场高质量的读书活动，并有多个附属学习社群在运行。BC 读书会发起人一直是主导运营者，有着强烈的社会情怀。随着时间的推移，除了社会情怀之外，深度社交和深度学习也成为运营动机。运营者是一位自由职业者，家境一般，育有一子一女。前期的 100 多场读书活动完全免费，后来收取小额活动费以维持读书会运行。除了收取少量的活动费用，BC 读书会通过广泛合作来解决运营资源问题。最近，BC 读书会运营者考虑到资源约束的实际情况，有计划转变为团队主导简约模式，愿意接受读书会深度学习功能的减弱和休闲功能的增强。

个人主导复杂模式最为少见，占调查样本的 11.6%。个人主导复杂模式下的读书会往往具有如下特征：第一，运营者通常有着强烈的社会情怀，或者强烈的事业心。第二，整体上，个人主导复杂模式的可持续性不是很高。第三，个人主导复杂模式常出现在中期探索阶段，之后可能转变为个人主导简约模式或团队主导模式。

（三）团队主导简约模式

WSZ 读书会已经运行了 10 年多，举办过 400 多场读书活动，是一家中等规模的团队主导简约模式下的开放型读书会。WSZ 读书会运营者动机比较丰富，首要动机是兴趣，然后是学习和社交，也有一些社会情怀。WSZ 读书会的活动场地固定，活动频率基本固定（每周一期），活动形式也基本固定（一人分享为主），提供了一个读书分享和交流的平台，对活动质量要求并不是很高。WSZ 读书会运作比较简约，运作团队一般由两三人组成，并成功实现了几次运作团队的更新。WSZ 读书会并没有从外部得到过经费支持，主要是通过 AA 来解决经费问题。

团队主导简约模式下的读书会数量占调查样本的 23.0%。团队主导简约模式下的读书会往往具有如下特征：第一，运营团队成员之间通常有比较顺畅的沟通。第二，大多是调整后的运作模式。第三，团队主导简约模式的可持续性比较高

（四）团队主导复杂模式

SZ 读书会已经运行了 15 年多，迄今举办过 2000 多场活动，是大规模定位的团队主导复杂模式下的开放型读书会。发起人起初以玩的心态做读书会，后来把运营读书会作为一份工作，同时具有社会情怀、社交和学习等动机。SZ 读书会由团队运作，运营者人数目前超过 50 人，发起人一直是核心运营者。SZ 读书会的活动形式丰富，拥有多个不同定位的子读书会，服务人数比较多，多个微信群累计书友超过 8000 人。SZ 读书会的运营过程资源消耗较多。SZ 读书会通过多种渠道筹集资金，包括政府事业单位的

资助、读书活动的服务性收入、与企业的合作收入、培训课程收入和理事会资助等。

团队主导复杂模式下的读书会数量占调查样本的 19.2%。团队主导复杂模式下的读书会往往具有如下特征：第一，核心运营者的工作通常与读书会直接相关。第二，多数团队主导复杂模式下的读书会的可持续性不强。第三，持续运行 3 年以上的团体主导复杂模式下的读书会通常采用模块化管理模式，形成比较正式的读书会章程和组织架构，并从政府或企业获得较多资助。

运营模式的选择

为什么选择简约运营或复杂运营？为什么选择个人运营或团队运营？搞清楚了这两个问题，我们就可以基本确定读书会的运营模式。

（一）简约运营还是复杂运营？

读书会选择简约运营还是复杂运营主要由 5 个因素决定：一是运营者偏好，二是参与者偏好，三是读书会规模，四是运营资源情况，五是发展阶段。前四个因素容易理解，我们简要解释一下；第五个因素需要稍微细致地解释一下。

关于运营者偏好，有些读书会运营者就是喜欢轻松自在的交流氛围，他们认为挂横幅、设迎宾、写详细活动回顾等操作使得氛围过于正式；有些读书会运营者则喜欢以专业周到的服务展示读书会高大上的形象。关于参与者偏好，有些读书会参与者喜欢以放松的心态来交流讨论，希望读书会非正式味道重一点、人情味多一点；有些读书会参与者喜欢得到比较周到、比较正式的活动服务，从而感到自己受到重视。关于读书会规模，规模较大的组织往往比规模较小的组织具有更高程度的专门化、部门化和集权化，规则条例也比较多。[1] 读书会亦是如此，规模较大的读书会的规章制度比较多，专门化、部门化和集权化的特征明显高于规模较小的读书会。关于运营资源情况，很多读书会的运营资源比较匮乏，承担不起复杂运营模式下的运营成本。那些运营资源充裕的读书会很可能开启新的探索，或者改善服务的质量，让运营变得复杂。

不少读书会研究者建议读书会建立完善的正式的规章制度。其实，这个建议虽好，但较难实施，尤其不适合很多民间初创读书会。简而言之，**发展阶段**影响运营模式的选择。没有书面规章制度的简约运营模式下的读书会，可能意味着读书会运营者和参与者还在探索之中，运行规则等待时机与合适的人协商，暂时难以形成书面的正式的规章制度。

换个角度来说，"生成性"是很多读书会的重要特点，也是其魅力所在，无论是现场讨论还是规章制度，都是在实践和互动过程中逐渐生成的。大多数读书会的规章制度是在一段时间的活动举办之后慢慢形成的，会员准入条件、活动流程、组织架构等也一样。当然，有些读书会在成立之初就推出了正式的读书会章程，然后在实践过程中不断迭代版本，也体现了读书会的生成性特点。最适合的制度是最好的制度，读书会规章制度的生

1　斯蒂芬・P. 罗宾斯，玛丽・库尔特. 管理学（第 9 版）[M]. 孙健敏，黄卫伟，王凤彬，等，译. 北京：中国人民大学出版社，2008：165.

成性有利于读书会找到最适合自己的制度。

（二）个人运营还是团队运营？

个人运营是指读书会运营相关事务基本由一个人决策与执行，团队运营是指读书会运营相关事务由两人或两人以上共同决策或执行。基于多年的观察与访谈，我提炼出个人运营和团队运营各自的优劣势（见表 3.1）。

表 3.1　个人运营和团队运营的优劣势

运营模式	优劣	描述
个人运营	优势	1. 充分体现运营者个人的意愿和特色。 2. 运营者在很大程度上直接决定读书会定位。如果运营者个人动机发生变化，读书会定位在很小的阻力下就可以做出调整，使得运营者个人动机有可能长期保持比较高的水平。 3. 不存在运营团队内部因为理念或利益冲突而产生的沟通协调成本。 4. 读书会参与者基本上不需要承担运营事务。
	劣势	1. 运营者个人的资源有限，一般难以维持大规模定位读书会的运行。 2. 运营者个人带来的读书会特色吸引的人群比较有限，通常不像团队运营的读书会那样吸引更多类型的书友参与。 3. 运营者个人的动机可能发生改变，给读书会的长期运营带来风险。

续表

运营模式	优劣	描述
团队运营	优势	1. 运营团队成员集思广益，让读书会更具多元性。 2. 运营团队成员共同分担读书会运营事务，使其中一位运营者的工作量不至于过重。 3. 运营团队成员各自发挥专长，使读书会显得更加专业、更加高效。 4. 运营团队成员还可能以其他方式支持读书会发展，使读书会长期运营的风险更小。
	劣势	1. 组建一个有效的读书会运营团队并不是一件容易的事情。 2. 不时需要处理运营团队成员之间的理念、方法和利益的冲突问题。 3. 读书会定位改变的灵活性受到限制。

综合考虑了个人运营和团队运营的优劣势之后，你是否已经做出自己的选择？有些人可能不禁想问：如何组建一个有效的读书会运营团队呢？在此，我提出如下 3 点参考建议：

第一，保持耐心。你认为哪些人比较适合做联合运营者？列出一个清单，与他们逐一单独谈一下。这是彼此了解和双向选择的过程。意愿、能力和时间等因素有一项不合适，可能就不适合成为联合运营者，所以你需要保持耐心。

第二，经常性沟通。在找到一位或几位合适的联合运营者之后，你需要多倾听他们的感受和想法，多沟通未来设想和近期计划，多协商彼此的分工和配合。有时候，运营团队可以聚个餐，乐一乐，发展和维持良好的私人关系。

第三，寻找共同目标。不同运营者的想法和目标肯定有所不同，寻找最大公约数是常见的做法，有时还需要你做出妥协以达成共同目标。庆幸的是，这些运营者是你找的，与你有很多相似之处。

本章小结

读书会的运营动机、运营资源和运营模式是读书会运营管理的深层次问题。所有因素汇聚在一起，塑造了一家读书会从诞生到消亡的生命周期。这些因素汇聚到一起，激发出读书会定位、读书会活动和读书会生命周期等一系列丰富多彩的选择和现象。

1. 一个完整的读书会生命周期包括设想阶段、探索阶段、稳定运行阶段、再探索阶段、结束阶段。

2. 运营动机包括休闲、社交、学习、工作和社会情怀。运营动机有强有弱，且在变化之中。厘清运营动机是读书会运营管理的基础性工作。

3. 读书会运营动机最重要的影响因素是运营者的社会身份。运营者的身份包括运营者处在哪种类型的群体中，在这个社群或组织中处于什么位置。社会群体包括家庭、学校、工作单位和基于其他关系形成的群体。

4. 读书会运营资源分为物质资源和精神资源。运营物质资源主要包括活动场地、活动材料和财务资源，运营精神资源主要包括人力资本、社会资本和心理资本。

5. 读书会运营过程伴随着资源的使用、消耗和获取。运营资源主要来自运营者投入、参与者投入、外部合作与支持。

6. 读书会运营模式是读书会运营管理的核心逻辑和战略选择。读书会运营模式的描述方式可详可略，详细方式是以画布形式将关键要素的关系呈现出来，简略方式是运营模式四分法。

7. 读书会运营模式画布的 4 个模块和 11 个要素包括读书会定位（价值定位、用户定位、规模定位、期限定位）、读书会活动（活动设计、活动组织、活动体验）、运营动机（动机类型、动机强度）和运营资源（资源类型、资源来源），以系统循环图将这些模块和要素联系起来，形成逻辑清晰的运营模式画布。

8. 基于运营模式四分法，个人主导是指读书会运营相关事务基本由一个人决策与执行，团队主导是指读书会运营相关事务由两人或两人以上共同决策或执行。简约运营是指读书会运营事务比较简约，如活动主题确定过程简约，活动形式比较单一，迎宾环节、活动总结、宣传横幅简约或没有等；复杂运营是指读书会运营事务比较复杂，在活动主题确定过程、活动形式、活动总结、活动现场等事务中的多个方面做得比较周到。

9. 简约运营还是复杂运营？背后有 5 个影响因素，即运营者偏好、参与者偏好、读书会规模、运营资源情况和发展阶段。

10. 个人运营还是团队运营？运营者可参考表 3.1 做出选择。如何组建运营团队？保持耐心，经常性沟通和寻找共同目标。

第4章

家庭读书会

在前文中，我们提到：（1）家庭是社会中最重要的初级群体，家庭成员之间相互照顾，保持着亲密持久的关系。（2）一般来说，家庭结构存在 4 个亚系统：夫妻亚系统、父母亚系统、父母－子女亚系统、兄弟姐妹亚系统。（3）一般来说，家庭的发展变化要经历 4 个阶段，即家庭形成、第一个孩子出生、孩子进入青少年时期、孩子长大成人后离家独立生活，每个阶段都有不同的发展任务，面临不同的主要问题和危机。

家庭读书会包括夫妻读书会、亲子读书会与其他类型的家庭读书会（包括兄弟姐妹读书会、祖孙读书会和全家读书会等）。通常情况下，家庭读书会的情感社交功能比较突出。学习功能和休闲功能是否突出，要看特定家庭读书会的选择。

第1节　家庭藏书

家庭藏书是家庭读书会的物质基础。家庭藏书影响了家庭生活方式，也影响了家人的沟通方式。优质充足的家庭藏书，对于家人亲密关系、孩子学业水平和家庭幸福水平都起到很强的积极作用。难怪有人说，书是家中最美的装饰。

家庭藏书量

《颜氏家训》写道："若能常保数百卷书，千载终不为小人也。"王玮认为家庭环境之于个人阅读的影响首先是家庭藏书，若只有几十或几百本藏书，勉强只能算作"耕读传家"，书香世家的藏书则千册以上。[1] 研究发现，家里藏书量越多，通常孩子的阅读量也越大。[2] 其实，家庭藏书多，不仅促进孩子的阅读，也促进大人的阅读。这是比较容易理解的：家里藏书多，意味着容易找到自己喜欢读的书；读的书越多，就更喜欢读书，更善于读书；然后，形成一个良性循环。埃文斯团队花了 20 年的时间，收集和分析了 27 个国家的 73249 个家庭的数据之后，他们发现，当家庭藏书达到 500 本左右时，即使父母的教育程度相差很大，孩子的受教育程度也相差不大，都处于比较高的水平。[3] 俞敏洪也认为家庭藏书 500 本是最低数量。[4]

因此，**我们可以把 500 本作为一个里程碑**。超过 500 本，可谓家庭藏书量比较大。同时，我们鼓励有条件的家庭可以储存 1000 本以上的好书，

1　王玮 . 试论家庭阅读的重建 [J]. 图书情报知识 ,2004(5):13-16.

2　斯蒂芬·克拉生 . 阅读的力量 [M]. 李玉梅，译 . 乌鲁木齐：新疆青少年出版社，2012：57.

3　A, M. D. R. EVANS , et al. Family scholarly culture and educational success: Books and schooling in 27 nations. Research in Social Stratification and Mobility 28. 2(2010):171-197.

4　家中藏书 500 本 , 到底能给你家孩子带来多大的教育优势？[EB/OL]. (2016-09-21) [2023-02-01]. https://www.sohu.com/a/114819002_407326.

让家人有更多挑选空间，可以接触到更多的好书。

毋庸置疑，挑选出 500 本好书并不容易，需要付出不少的心血和时间。庆幸的是，挑选家庭藏书的过程本身是非常有价值的。在这个过程中，我们增进了对自己、对家庭的了解，增加了对人类知识体系的了解，提升了信息的收集和处理能力。家庭藏书可以分阶段推进。每一个阶段性成果，都能给自己和家庭带来积极的长远影响。

遗憾的是，我们对家庭藏书的调查发现，很多家庭藏书的质量和结构存在比较大的问题。在家庭藏书质量方面，不少家庭虽然有数千本书，但是粗制滥造的图书占了很大比例，浪费宝贵的注意力，损害可靠的辨别力。我们可以根据良师益友的评价，作者、译者、出版社和网络评论等因素评判书籍的内容质量。我们建议只留下好书，把烂书果断地清理出去。在家庭藏书结构方面，我们发现有些家庭的藏书只有教辅书和故事书。其实，不同学科的好书都有独特的价值。文学，以富有情感的生动表达带给我们美妙感受、人生启迪。历史，以有体系的史料呈现让我们借古鉴今、明智去昧。哲学，以有深度的审问明辨助我们探索意义、重建价值。除了文史哲，还有科学和艺术等学科的书籍。通过阅读多学科的好书，我们建构更高级的跨学科知识结构，走出思维定式，以广阔的视野为社会美好、为个人幸福提供创新解决方案。

纸质书的摆放

近些年，电子书由于价格低廉、阅读便捷、携带方便等优点越来越受到欢迎。然而，纸质书不会被完全替代。第一，电子书以休闲读物为主，不少教材等有深度的书籍没有正版电子书。第二，纸质书是实物，看得见，摸得着，闻得到书香。实物给人以真实感、陪伴感。一本纸质书慢慢发黄，那是它陪伴你的证据。第三，纸质书上的圈点勾画更具个性化，更加灵动，也更有助于深度学习。在读纸质书的时候，你可以用多种颜色的圆珠笔、水笔和荧光笔，进行涂色、划线、画圈、写字。虽然一些电子书也可以做标记，但是你在纸质书留下的"真迹"会不会更加灵动、便捷和有趣呢？字体潦草也好，端正也罢，你留下的书写痕迹里都藏着特殊意蕴。此外，研究发现，相对于使用电子笔记本，使用纸质笔记本在准确性和大脑激活度两个方面都有显著优势。[1]

可见，纸质书除了信息载体之外，还有诸多其他方面的价值。作为终身学习视角下的阅读研究者，我认为，读过的喜爱的图书不要轻易送人，即使这些书上有折痕、笔记甚至污渍，因为这些都将成为美好的记忆。另外，很多好书不再出版，成为绝版书；即使再版，可能与你原来读过的那个版本很不一样。让读过的好书一直陪伴着你和你的家人，将来，你可以拿着一本自己读过的书给你的儿女或孙辈讲述你的阅读故事和心得，岂不美哉？

也许，有人会担心局促的住宅放不下500多本纸质书。其实，只需要0.54平方米的地面面积就可以解决。一个90cm长、30cm宽的六层竹制书架，淘宝售价不到200元，可以放置200多本书。两个书架就差不多可以容纳

---

1 UMEJIMA K , IBARAKI T , YAMAZAKI T , et al. Paper Notebooks vs. Mobile Devices: Brain Activation Differences During Memory Retrieval[J]. Frontiers in Behavioral Neuroscience, 2021, 15:634158.

500 本书。当然，除了这种高性价比的书架，我们还可以把书集中收纳进书墙和书柜，也可以把书临时放置在床头柜、书桌或茶几之上，便于随时取阅。现在，很多人希望家里有一面书墙，大气，美观，实用。书墙可以建在书房、客厅、餐厅或通道，可以有不止一面，打造出一个家庭图书馆。我们不建议把书墙建在卧室，书柜或书可能释放出有害气体，对家人的健康不利。有些人喜欢把家里所有的书都摆放在一起；有些人喜欢把不同家庭成员的书籍分开，然后按照书籍类型排列。为了省空间，很多本书以直立的形式紧贴在一起排列；为了吸引人，部分书借助书立架等工具的支撑，将封面朝向读者。

纸质书摆放得好，可以激发家人的阅读兴趣，可以让家人沉浸在阅读之中，还可以成为家庭中一道亮丽的风景线。时间长了，难免会有灰尘落在书上。打扫打扫，重新摆放一下，不也是我们与这些"老朋友"的一种有情趣的"重逢"方式吗？

第2节　亲子读书会

亲子读书会就是父母亲与其子女组成的读书小队。目前，绝大多数亲子读书会没有成立仪式，没有名称，在自然而然中诞生、发展和消亡。亲子读书会的活动就是**亲子阅读**，主要形式包括**亲子共读一本书、亲子各自分享自己读的书、亲子主题阅读交流**等活动。时至今日，很多父母已经认识到亲子读书会的重要性。我认为，**亲子读书会的价值**至少包括如下几点：培养安全型依恋和亲密的亲子关系，培养良好的阅读能力和阅读习惯，提升学业表现和知识结构，助推父母与子女的共同成长。

一段完整的亲子关系包括多个阶段，每跨入一个新的阶段，父母与子女都需要新的适应、新的学习。粗略划分，亲子关系可以分为**4个阶段**：（1）当孩子很小的时候，孩子依赖于父母的照料。（2）当孩子慢慢长大时，孩子既需要父母的帮助，又期望父母给他们更多的自主尝试机会。（3）当孩子长大成人后，父母与孩子之间以比较平等的姿态相互关照。（4）当父母年迈或生病时，父母需要孩子的帮助。

细致划分，亲子关系可以分为**13个时期**，分别为胎儿期（出生前）、孩子新生儿期（出生到满月）、孩子婴儿期（满月到3周岁左右）、孩子幼儿期或幼儿园期（3周岁左右到6周岁左右）、孩子小学低年级期（小学一年级到三年级）、孩子小学高年级期（小学四年级到六年级）、孩子初中期、孩子高中期、孩子大学期、孩子成家立业准备期、孩子成家立业期、父母年迈生病期、父母弥留期。显然，处于不同时期的父母与子女要做的事不尽相同，学习任务在变化之中，亲子阅读的侧重点有所不同。不管在哪个时期，父母与子女都可以通过亲子读书会促进终身共同成长。

接下来，我们先谈一下亲子阅读的选书，然后探讨3个亲子读书会的案例，最后提供一些亲子读书会的参考建议。

如何为亲子阅读选书？

为亲子阅读选书，我们需要考虑许多因素，包括兴趣、难度、系列、领域、阴暗程度和推荐书单等。

兴趣是最好的老师。孩子更愿意读完自己挑选的书，因为那是自己感兴趣的内容。所以，我们应当鼓励孩子一起选书。值得注意的是，兴趣不是自然而然产生的，家长的适当介入是至关重要的。基于**兴趣发展四阶段理论** [1]，我认为，孩子阅读兴趣的培养需要经历四个阶段，即**激发的情境阅读兴趣**、**维持的情境阅读兴趣**、**最初的个人阅读兴趣**、**稳定的个人阅读兴趣**。如果孩子的阅读兴趣不浓，家长可以通过游戏、朗读、导读、降低难度和联系生活等方式激发孩子的阅读情境兴趣。在阅读的情境兴趣被激发之后，家长保持或变换增加孩子阅读兴趣的方式，以维持孩子的情境阅读兴趣。之后，情境兴趣内化为个人兴趣，在良好的阅读环境之中进化到"稳定的个人阅读兴趣"。如果孩子到了"稳定的个人阅读兴趣"阶段，他们就会主动找书读。如果孩子确实喜爱阅读，只是对某些类型的好书不感兴趣，我们依然可以借助阅读兴趣发展四阶段理论，培养孩子对特定类型好书的阅读兴趣。与此同时，阅读兴趣发展四阶段理论提醒我们，家长需要循序渐进，做好"脚手架"，不能操之过急。如果孩子还处于情境兴趣阶段，还没有形成稳定的个人阅读兴趣，家长却根据外部推荐书单，买了一大堆书扔到孩子面前，强迫孩子阅读，有可能损害孩子的阅读兴趣，甚至破坏亲子关系。更合适的做法是，家长耐心地激发和维持阅读的情境兴趣，等到孩子发展出"稳定的个人阅读兴趣"之后，再"拆除脚手架"。

难度是选书时必须考虑的因素。书的难度主要体现在语言复杂程度、内容复杂程度和图画文字比例三个方面。关于**语言复杂程度**，常用字以简单的语法结构组合而成，语言复杂程度低；生僻字以复杂的语法结构组合

1　张林，李玉婵，邢方. 兴趣发展四阶段模型的研究述评 [J]. 宁波大学学报（教育科学版），2010,32(2):25-29.

而成，语言复杂程度高。母语的语言复杂程度低，外语的语言复杂程度高。关于**内容复杂程度**，形象的贴近实际生活的内容复杂程度低，抽象的远离实际生活的内容复杂程度高。关于**图画文字比例**，图画比例高，难度低；文字比例高，难度高。图画比例高的书，亦称为图画书或**绘本**。好的绘本通过一张张精美的图画，让孩子从中领略到艺术美和生活美，读出连贯有趣的故事。此外，有两点需要明确：一是难度是相对的概念；二是多种难度组合更好。首先，同一本书，对于年龄更小、知识基础更弱的孩子来说，难度更大。其次，阅读难度较小的书，可以体验到轻松闲逸；阅读难度较大的书，可以促使高效成长。

系列是快速安全的选书策略。孩子读完一本书，感觉很喜欢，家长就可以考虑寻找同一系列的其他书籍。一位父亲说，他的儿子在小学二年级读了"神奇校车"系列的其中一本之后表示很喜欢。父亲就买了"神奇校车"系列的 25 本书，很快被孩子读完；再买 30 本，又被读完……结果是，这位孩子在短期内非常愉悦地读完了"神奇校车"系列的 77 本书。通过聆听或阅读一个系列的好书，孩子对书中角色更加熟悉，增强了阅读兴趣，并快速拓宽了知识面，增加了阅读量。

领域是选书应该关注的因素。毫无疑问，多领域的阅读经历是重要的。不同**学科**、不同**主题**和不同**风格**都可以认为是不同领域。随着年龄增长，孩子们自然而然会接触到多领域的好书。通常，孕中期的胎儿到出生后 6 个月的婴儿，家长可以温柔地朗读一些简单有趣的故事书和美文；孩子出生后 6 个月到 1 周岁，除了精美简短的故事书，开始接触色彩鲜艳的人物、用品、动物等卡片书、立体书、洞洞书等；1 周岁到 3 周岁，开始接触图文结合的数字、绘画、习惯、社交、情商等领域的书籍；3 周岁以上，孩子就可以广泛接触很多领域和很多学科的书籍。然而，自然状态下的多领域阅读经历往往处于较低水平。家长有意识地挑选多领域的好书，让孩子领略到世界的丰富多彩，将为孩子终身学习和将来成为有温度、有深度的人打下良好的基础。

阴暗程度是指书本内容涉及暴力的程度和涉及消极心理的程度。比如"查理九世"这套书描写了大量血腥、暴力、恐怖的阴暗程度高的情节，孩子在阅读时既感到害怕又感到刺激。据媒体报道，2012 年，浙江奉化的一位小学生疑似模仿书中场景不幸身亡。该书受到众多老师、家长、阅读推广人的严厉批评，现在已经被有关部门查禁。家长在挑选书籍的时候，不能只看销售量或者商家的宣传，还需要了解书本内容。阴暗程度高的书，可能会给未成年读者造成心理创伤。

参考**推荐书单**是一种取巧的选书策略。教育部门、教师、阅读推广人和出版社等都会发布各年龄段的儿童推荐阅读书单。一般来说，权威机构或可以信赖的老师推荐的图书质量比较高，尤其是多种可信赖的渠道都在推荐的书。

亲子读书会的案例

接下来，我们简要探讨以下 3 家亲子读书会的案例：YiYi 读书会、青春读书会和生命最后的读书会，分别是由婴幼儿与父母、中学生与父母、癌症晚期的母亲和成年的儿子组成。

在 YiYi 出生前，我（YiYi 爸爸）就隔着肚皮跟她说说话、给她唱唱歌、为她朗读。YiYi 出生的那一天，我在床边给她轻声温柔地朗读朱光潜《谈美》的一些精彩片段，我希望她将来有欣赏美和创造美的能力。现在，女儿已经 3 周岁半，她每天都会拿来一两本书让我或者她妈妈为她朗读。她希望我们每天为她朗读 10 本、20 本，但是我们安排不出那么多时间，就下载很多故事的音频，一批批地存到她的播放器里。最近，她在听《小猪佩奇》的音频。我们买了《小猪佩奇》的"我有好性格""我有好品德""我有好习惯"等几个系列的绘本，买了《小猪佩奇》的几张拼图，买了视频 VIP 资格让她可以观看《小猪佩奇》的视频。这样，音频、视频、拼图和纸质书相结合，她以多种方式从《小猪佩奇》中汲取养分，获得快乐和成长。

类似于 YiYi 读书会，为养育年幼的子女而组建的亲子读书会已经比较普遍。父母为孩子营造活泼有趣的沉浸式阅读环境，为孩子大声朗读，绘声绘色地讲述有趣的故事；鼓励孩子表达自己的感受和观点，并在倾听的基础上及时做出有温度、有深度的回应。孩子进入小学之后，很多家长通过亲子读书会促进孩子的识字、自主阅读与清晰、准确、生动的口头表达和书面表达。

我的儿子现在读初二。其实，我家在多年前就有亲子读书会。在儿子读初中之后，我们给读书会取了一个新名字——青春读书会。儿子读初中后，学业压力一下子大了很多，不再像小学那样经常沉浸在阅读之中。他的脾气也大了，不再像小学那样经常跟我们说心里话。他的个子已经比他妈妈还高了，已经进入了青春期，成为一个小大人。现在，孩子忙碌，我和他妈妈也忙碌。但是，我们希望青春读书会能够成为亲子共读和亲子沟通的桥梁。从过去一年多的运行来看，青春读书会基本实现了我们的期待。我们的青春读书会主要有 4 种形式：（1）我们重温和交流以前共读的好书；（2）孩子读完一本书（通常是学校要求的，少部分是自行选择的）之后，分享他的读书心得，与我或他妈妈讨论；（3）我或他妈妈分享自己的读书心得，朗读部分精彩片段，然后与他讨论；（4）就他关心的话题，或者就我和他妈妈关心的话题，我们进行讨论。

根据调查发现，与小学高年级相比，初中生家庭的亲子读书会数量出现了断崖式下降。这种断崖式下降的原因是多元的。不管怎么样，我们从青春读书会的故事可以看出：中学生家庭的亲子读书会还是可以办的，且依然是重要的。毫无疑问，中学生家庭的亲子读书会的定位、风格和读书活动形式与以往有所不同，家庭应该根据自己的具体情况进行调整。在这个阶段，父母还可以给予孩子一些指导，以更平等的姿态与孩子交流，思辨型交谈明显增多。

2007 年秋，我陪 70 多岁的母亲到医院做检查。一杯咖啡在手，我和母亲开始了最为常见的话题："你最近在看什么书？"生命最后的读书会就这样简单地开始了。2009 年 9 月 14 日凌晨 3 点 15 分，我的母亲去世。在这两年中，书籍成为我们探索彼此想法的媒介，让我们可以自然地探讨那些我们关心但又不太好开口询问的话题，也能让我们在焦躁紧张时不至于太尴尬。在这两年中，我们一起读了几十本书，这些书让我们慢慢品味、思考、享受，使母亲走向死亡的途中得到安慰，使我度过没有母亲陪伴的

日子。在这两年中，这个读书会成了我们生活的一部分，更准确地说，我们的生活变成了读书会。（节选自《生命最后的读书会》）

威尔·施瓦尔贝在《生命最后的读书会》一书中提到了 116 本书，其中大部分是母亲与他的共读书目。[1] 这个读书会促进了母子之间的沟通，也促进了母子两个人的共同成长。从这个故事，我们意识到，成年子女与其父母组成的亲子读书会也是值得提倡的。这种读书会让父母与子女之间的沟通不局限于日常琐事，促使家人彼此关注对方的感受和想法，通过讲述、聆听和讨论促进深层次的共同成长。

亲子读书会的建议

关于亲子读书会，我提出如下几点参考建议：

第一，亲子读书会可以从胎儿时期就开始。孕早期的胎儿听不到外部的声音，但是孕妇为胎儿朗读美文时自己是愉悦的，这种愉悦的心情对孕妇和胎儿都有利。孕中期的胎儿有听觉和具有一定的记忆能力。父母以轻柔的声音朗读美文或故事，对胎儿和父母本人都是有益的。因此，我建议在孩子胎儿时期就启动亲子读书会。

第二，父母两人都参与亲子读书会。有些家庭将亲子阅读"分工"到父亲或者母亲，仅有一方参与亲子读书会。这种做法不应提倡。首先，父母都参与亲子读书会有利于培养孩子的双性化人格，而双性化的人往往具

1　威尔·施瓦尔贝 . 生命最后的读书会 [M]. 姜莹莹，译 . 北京：中国友谊出版社，2013.

有更高的社会适应能力和幸福感。其次，父母参与亲子读书会也是父母重拾阅读的好机会。

第三，选书是亲子读书会的关键环节，应当予以足够的重视。选书时，我们要考虑兴趣、难度、系列、领域、阴暗程度和推荐书单等因素。

第四，亲子阅读可以与音频相结合。孩子听故事的需求量通常超过爸爸妈妈所能提供的，优质的故事音频可以作为辅助。当然，爸爸妈妈还是要尽量多抽出时间陪幼小的孩子读书，为他们朗读，与他们交流。

第五，亲子读书会的目的不要局限于语言发展和成绩提升，应当关注良好的阅读习惯的养成，关注亲子之间良好的互动关系。良好的亲子关系有助于孩子发展出安全型依恋，安全型依恋又有助于心理各个方面的健康发展。

除了以上 5 点之外，我再提 2 点建议：（1）亲子读书会可以是终身的，作为亲子沟通与共同成长的平台。（2）亲子读书活动可以固定时间，也可以不固定时间。固定时间能保证基础水平，并带来稳定的预期；不固定时间则可以减少家长的压力，还会给双方带来惊喜。

第3节　夫妻读书会

通常，夫妻相似性越高，两个人相处越好。相似性体现在态度、价值观、生活习惯、教育程度和社会地位等诸多方面。大多数相异带来的不是吸引，而是排斥，除非这种相异具有互补性，即相互取长补短。尽管如此，不应过分强调这种互补性，因为我们通常更喜欢相似的人。归根结底，我们喜欢能够让自己感到轻松、快乐和支持的伴侣，而讨厌让自己感到艰难、痛苦和阻碍的伴侣。夫妻读书会有助于夫妻之间的沟通与共同成长，改善和发展夫妻关系。

夫妻读书会的案例

毋庸置疑，婚姻都将面临家务分担、孩子教育、财务压力和兴趣差异等诸多方面的挑战。任何一对夫妻都需要审视一下自己的内心和选择——是相互算计和相互指责，还是相互理解和相互支持？是控制、争斗或逃之天天，还是尊重、沟通和共同成长？如果夫妻想要建立和保持亲密关系，以上两个问题都需要选择第二个选项。同时，夫妻需要个人空间，也需要高质量的"共同时间"。夫妻读书会是高质量"共同时间"的不错选择。接下来，我们看 2 个夫妻读书会的故事。

在《奥斯汀书会》电影的 1 小时 33 分 19 秒处，普鲁迪手里拿着奥斯汀的《劝导》——这是奥斯汀书会最后一场交流活动的共读书籍，泪流满面地出现在她的丈夫迪安的背后。此时，迪安正在玩电脑游戏。她鼓起勇气说："你能帮我一个忙吗？"迪安转过身，看着她。她晃动着手中的书，说："你能读一下这本书吗？"迪安没有答应，把目光移回到电脑上。普鲁迪走进了几步，恳求道："请现在就读一下吧，拜托了。我真的很希望你读一下。求你了，迪安。"迪安不愿读，他对阅读不感兴趣，认为读书就像是一场考试。普鲁迪说这不是考试，这是分享，并继续请求，迪安回答说为什么不直接告诉他这本书的内容。普鲁迪带着哭腔说："这本书关于两个原本相爱的人，他们不再相爱了，但是他们都劝导自己再努力一下，给自己和对方一个机会。"迪安并没有表现出兴趣，普鲁迪开始朗读给他听。迪安有点抗拒说："你不可能把它读完。"但看到普鲁迪呆在了那里，他沉默了一下说："就读一页吧。" 迪安焦躁不安地听着，普鲁迪一边朗读一边触碰着迪安……镜头切到其他书友在海边交流阅读心得的场景，当镜头切回到他们的时候，朗读的不是普鲁迪，而是迪安。迪安正卖力地读着，普鲁迪依靠在床上，温柔地看着迪安。再次换了一次镜头之后，普鲁迪睡着了，依偎在迪安的怀里，迪安右手抱着普鲁迪，左手拿着书，认真地读着。（根据电影《奥斯汀书会》整理而成）

在上面的故事中，普鲁迪和迪安很久没有深度沟通了，夫妻之间的关系不再亲密。在奥斯汀书会的影响下，普鲁迪尝试以夫妻读书会的方式改善关系。他们以经典好书的内容作为引子，夫妻俩再一次建立了亲密的身心接触。

杨绛和钱锺书都酷爱文学，痴迷读书，互相吸引而走到一起。钱锺书写《围城》时，每天晚上把写好的稿子给杨绛看，急切地瞧杨绛怎么反应。杨绛笑，钱锺书也笑；杨绛大笑，钱锺书也大笑。有时杨绛放下稿子，与钱锺书相对大笑。然后，钱锺书告诉杨绛下一段打算写什么。钱锺书选注宋诗时，如果杨绛读不懂，钱锺书就补充注释。此外，他们的女儿说：杨绛和钱锺书"互相致诗"是他们喜爱的游戏。（根据《我们仨》和《走到人生边上》整理而成）

杨绛和钱锺书共同生活了 60 多年。一直以来，他们相互欣赏、相互肯定：钱锺书觉得妻子是"最美的妻，最才的女"；杨绛认为钱锺书的价值远比她高，心甘情愿全力支持钱锺书的工作。从牛津留学到生女养家，再到经历战乱动荡、世事变化，生活的磨难没有让他们相互指责，而是让他们更加珍惜彼此、相互理解和相互支持。虽然他们没有宣称过夫妻读书会的成立，但是实际上他们长期"共同运营"着一个他们专属的夫妻读书会。

夫妻读书会的建议

关于夫妻读书会，我提出如下 4 点参考建议：

第一，夫妻读书会应突出休闲功能和情感功能。现在，很多夫妻生活压力大，工作繁忙，回到家期待得到身心放松。所以，夫妻读书会应优先考虑轻松有趣的书籍，以轻松有趣的方式分享交流。轻松有趣的读书活动形式包括一个人朗读一段或一篇喜爱的美文，一个人分享一段文字、一篇文章或一本书的阅读心得，两个人基于书本内容玩角色扮演……以轻松舒适的姿势坐着或躺着，配上美味的饮品或零食，在温馨的氛围下说着、聊着……一场读书活动时间可长可短，通常一次不超过 1 小时。如果双方太忙，即使只有 10 分钟也是非常有价值的。在这样的夫妻读书会中，读书活动首先是一种有品位的休闲活动，也是一种增进夫妻情感的好办法。

第二，读书会活动主题不局限于书本，可以就一方或双方关心的话题进行讨论。如果你的伴侣温柔地问你："亲爱的，你今天遇到了什么有趣的事情？"然后，他 / 她不带评价地倾听着。即使你回答没有什么有趣的事情，吐槽了一通，他 / 她依然是认真地倾听，不带评价或较少评价，关注你的感受，协助你对事情进行梳理，或者与你共同探讨，你会不会很开心？你和你的另一半都不是完美的人，都是需要学习和提升的人。所以，夫妻读书会中的话题讨论须注意：不要给对方太多的压迫感，核心目的不是强迫对方做出改变或做出承诺，而是在有温度、有深度的对话中体现彼此之间的关心、促进彼此的共同成长。

第三，在尊重的基础上，适度增加共读交流活动。深度阅读是进行深度学习的重要途径；共读交流是促进深度阅读的好办法。考虑到一方可能事务繁忙，夫妻读书会的共读交流活动无须每次围绕整本书展开，可以在共读一章、一页到几页之后交流，甚至也可以在共读一段到几段后交流。一本书可以分很多次共同读完，也可以只共读其中的精彩部分。在交流时，除了两个人先后做分享，最好有问答环节和讨论环节。为了交流更加有温度和有深度，可以考虑在早期共读一些沟通类和逻辑类的好书，前者如《非暴力沟通》《关键对话》《高效演讲》，后者如《逻辑思维简易入门》和《批判性思维》。当然，夫妻也可以通过共同观看沟通类和逻辑类的线上课程来学习交流相关的理念、知识和技能。为了增加交流的乐趣和深度，夫妻可以考虑对共读交流过程录音或录像。无论是选书、交流时间还是交流方式，夫妻之间要充分尊重，协商确定。

第四，夫妻读书会的推进应当循序渐进。如果夫妻读书会的一方太着急了，容易给另一方带来过多的压迫感。于是，另一方出于自我价值保护，可能会抗拒或否定夫妻读书会。夫妻应当相信自己并相信对方——相信两个人都有上进心，相信两个人都希望彼此关系更好，相信两个人通过有策略的学习和努力会更加幸福。夫妻读书会活动频率可以从低到高，如果一方太忙，活动频率可以低一点，比如一周一次。夫妻读书会分享讨论深度也不用着急，从真诚分享和情感支持开始，活动次数多了，交流深度自然会增加。

第4节　其他类型的家庭读书会

除了亲子读书会和夫妻读书会，家庭读书会还包括祖孙读书会和兄弟姐妹读书会，也包括全体家庭成员参与的家庭读书会。

祖孙读书会

爷爷奶奶或者外公外婆帮忙照顾孩子是一个比较普遍的现象。与几十年前相比，现在的爷爷奶奶和外公外婆的识字率高，所以，很多祖辈有能力与孙辈组建祖孙读书会。一位外婆认为，祖孙读书会是她与外孙相处的一种状态，一种幸福的生活方式，一个共同成长的契机。[1] 接下来，我们看一下这个案例。

外孙还在襁褓中时，我便操着带着乡音的普通话，用温柔悦耳的声音，小声地给他读第一套书《小熊宝宝》。看到他面露笑容并且非常安静地听，我心里别提多高兴啦。外孙稍大一点就坐在我的怀里，我指着书上的图案，有时还配合一些肢体动作和表情，给孩子讲《游戏时间躲猫猫》《牙婆婆》《抱抱》……后来，我们的读书活动不只是外婆朗读外孙听，也不只是我

1　外婆有话说. 有一种幸福是同外孙一起阅读 [EB/OL].(2022-04-21)[2023-01-28]. https://www.jianshu.com/p/ce494b0e7c97.

俩共同朗读，还有在各自读完之后交流书中的重点，探究书中的某一个问题，分享自己的一点感想……我为了能把自己的普通话说得标准一些，特地去报了朗诵班。我竟然有幸同外孙一起阅读，徜徉在书的海洋，共同感受读书的美好时光，用一种幸福的生活方式和孩子一起成长！

现在，很多父母工作繁忙，无法抽出足够多的时间照料孩子，只好请自己的父母或者保姆帮忙照料。虽说可以有含饴弄孙之乐，但毕竟要牺牲许多自由自在的晚年时光，因而很多祖辈并不是很愿意帮忙。一部分祖辈体恤子女的艰辛，考虑到孙辈的可爱，还是选择了去照料第三代。其中，不少祖辈在照料孙辈时发起了祖孙读书会。祖孙读书会的做法与亲子读书会的做法类似。

兄弟姐妹读书会

我有一位勤劳、善良和好学的姐姐。我与姐姐偶有交流读书心得，只有读书会的影子，不敢妄称存在一个姐弟读书会。但是，苏轼和苏辙之间应该存在一个兄弟读书会。

苏轼和苏辙是一起读书、交流和成长的好兄弟。"但愿人长久，千里共婵娟"是苏轼思念弟弟苏辙时所作。苏轼说苏辙："岂独为吾弟，要是贤友生。"苏辙说苏轼："抚我则兄，诲我则师。"苏轼比苏辙大 2 岁。小时候，苏辙读了哥哥戏作的《黠鼠赋》，并听了哥哥的解说，两人笑作一团。1057 年，苏轼和苏辙一起参加殿试，都以优等得中。后来，他们在不同地方做官。分开时，他们书信往来不断，交流诗文、情感和观点；相聚时，他们秉烛夜话，促膝长谈。《苏东坡全集》以"子由"为题目的诗就超过了 100 首。最后，在苏轼去世后，苏辙为苏轼写了一篇《东坡先生墓志铭》。

通常，兄弟姐妹是一个人最初的朋友、最早的竞争对手，也是他一生中陪伴时间最久的人。兄弟姐妹之间的良性互动对人格发展和亲密关系具有特别重大的意义。现实中，不少兄弟姐妹反目成仇。有人在网络上罗列了兄弟姐妹反目成仇的十大根源。我认为，如果兄弟姐妹都多读书、多沟通，十大根源问题都是可以解决的。

关于兄弟姐妹读书会，我提出如下 3 点参考建议：第一，当兄弟姐妹都很小的时候，父母或祖辈在举办亲子读书活动时，应有意识地推动孩子之间的交流。第二，当兄弟姐妹稍大一点的时候，他们可自行组建兄弟姐妹读书会。当然，这个兄弟姐妹读书会有时可以与父母的夫妻读书会联合举办读书活动。第三，当兄弟姐妹长大后外出读书或成家立业之后，兄弟姐妹依然可以继续以读书会的方式交流情感、观点和读书心得。

全家读书会

全家读书会就是指全体家庭成员参与的读书会。基于林语堂的《苏东坡传》和杨绛的《我们仨》的文本内容，我认为，苏洵与妻子程氏以及子女一家人，杨绛、钱锺书和钱瑗一家人，都存在一个全家读书会。2021 年，一位南京大学在校大学生发表了一篇热切期盼家庭读书会的文章。[1] 正如前文提到的，当孩子长大成人之后，完全可以成为全家读书会的召集人。

我们习惯一回家就栽倒在各自的房间，打开各式各样的电子产品，沉浸在自己透明的小方罩中，即使我们能互相看得见对方，但除必要的对话外我们几乎没有任何的交流……我相信，家庭读书会的举办，不仅可以让我们每个家庭成员更加有效地利用时间，丰富自己的精神世界，增加自身的学识，更重要的是，还可以增进整个家庭的温暖感。家庭读书会让我们不再缺少聊天的话题，使得我们能够更加理解和包容彼此，矛盾纷争会减少，和谐温馨的家庭氛围会越来越浓郁！

关于全家读书会，我提出如下 3 点参考建议：第一，任何一位家庭成员都可以号召发起全家读书会，与其他家庭成员协商确定全家读书会的运作方式。第二，全家读书会可以与亲子读书会、夫妻读书会并存，因为各有各的特色和价值。第三，全家读书会或者其他类型家庭读书会的活动场地可以不局限在家里，图书馆、帐篷里或者风景优美的地方都可以考虑。

本章小结

家庭读书会包括夫妻读书会、亲子读书会与其他类型的家庭读书会（包括兄弟姐妹读书会、祖孙读书会和全家读书会等）。

1　爸妈，也许我们可以开一场家庭读书会 [EB/OL].(2021-03-19)[2022-12-28].
https://baijiahao.baidu.com/s?id=1694640427774239309&wfr=spider&for=pc.

1. 家庭藏书是家庭读书会的物质基础。我建议每个家庭保有 500 本以上的纸质好书。这些好书最好是涵盖诸多学科领域，以便建构跨学科可靠的知识结构。

2. 亲子读书会的活动就是亲子阅读，具有多方面的重要价值，其主要形式包括亲子共读一本书、亲子各自分享自己读的书、亲子主题阅读交流等活动。亲子关系可以分为 4 个阶段 13 个时期，不同时期的亲子读书会的内容和风格有所不同。我建议：亲子读书会从胎儿时期就开始，最好是终身的，父母两人都参与，成为亲子沟通与共同成长的平台。选书是亲子读书会的关键环节，应当考虑兴趣、难度、系列、领域、阴暗程度和推荐书单等因素。亲子读书活动可以固定时间，也可以不固定时间。固定时间以保证基础水平，并带来稳定的预期；不固定时间减少家长的压力，亦能给双方带来惊喜。

3. 夫妻读书会有助于夫妻之间的沟通与共同成长，改善和发展夫妻关系。我建议：夫妻读书会应突出休闲功能和情感功能；不局限于书本，可以就一方或双方关心的话题进行讨论；在尊重的基础上，适度增加共读交流活动；夫妻读书会的推进应当循序渐进。

4. 祖孙读书会的做法类似于亲子读书会，兄弟姐妹读书会的做法类似于民间读书会，全家读书会可以由任意一位家人提议发起。

第5章

学校读书会

学校教育是制度化教育的基本内容。学校根据国家的统一要求，批量、高效地塑造着一批批的新人。同时，学校教育起到筛选作用，给不同的人添上标签，赋予他们大不相同的发展机会。不可否认的是，学校教育在高效批量地培养一大批人才的同时，以僵化死板的方式摧毁一批人的自信心和创造力。

毫无疑问，学校教育是非常强大的。但是，学校教育不是教育的全部，更不是学习的全部。**学校教育与家庭教育、工作单位培训、市场化教育培训等类型的教育培训共同构成教育生态**。另外，教育生态也只是学习生态的环境，为学习提供教育资源。学习生态比教育生态更广阔、更生动。除了前面提到的各种教育培训安排，学习生态还包括各种类型的观察学习、实践学习和交谈学习，以及各种类型的自主阅读和反思性学习。

我们应当让学习者成为中心，把学校教育当作学习环境，充分利用学校教育中蕴藏的教育资源，不必过于拘泥于学校教育的评价体系。这样，我们就有可能成为更积极、更主动、更具创造力的终身学习者。这种转变的关键在于让非正式学习充分发挥作用，而"双减"中的"减轻义务教育阶段学生作业负担"为此提供了支持性环境。我认为，**阅读与读书会在正**

式学习和非正式学习中都可以起到举足轻重的作用。

第1节　学校藏书

　　学校藏书是学校读书会的物质基础。学校藏书之处包括学校图书馆、班级图书角和其他图书角。一些学校通过打造**图书馆式校园**来整合校园内的各类藏书资源。

学校图书馆

　　学校图书馆是学校重要的教育资源基地，是促进学生探究性学习的快乐的第二课堂，是促进教师教学科研的得力助手，是推进素质教育、营造书香校园和繁荣校园文化的重要平台。

　　我国大多数高校图书馆藏书量大、优质图书多，可谓高校师生的知识天堂。大学生是进入高等教育阶段的成年人，应当具有自主学习和探究性研究的能力与习惯。令人高兴的是，高校图书馆确实已经成为高校师生汲取和创造知识的重要基地。

　　然而，不少中小学图书馆存在许多严重问题，比如学生喜爱的高质量图书少、图书结构不合理、图书借阅手续烦琐、图书馆开放时间短等。目前，大多数中小学图书馆的藏书数量并不少，但是其中有很多滥竽充数的书籍[1]，包括出版社"送"给学校的积压多年的图书、捐赠者"捐"给学校的自己不要看的图书、大量廉价采购的低质图书。我认为，如果经费不够，

1　孟新. 湖南省小学图书馆建设现状与对策研究 [D]. 长沙：湖南大学，2014.

宁愿书少一点，也要保证中小学图书的质量和结构，因为低质图书严重损害了学生的阅读兴趣，严重妨碍了良好阅读习惯的养成。中小学领导应当意识到图书馆对中小学生快乐成长和终身学习的重要价值，提高对中小学图书馆建设的重视程度，召集爱读书、善读书、懂读书的教师成立**选书委员会**，为学校师生挑选结构合理的优质图书。

幼儿园图书室对图书数量的要求和图书挑选的难度相对低于中小学和高校。很多幼儿园图书室已经可以满足幼儿的基础性阅读需求。当然，一部分不重视图书室建设的幼儿园和一些欠发达偏远地区的幼儿园的图书室建设相对薄弱，有待提高。如果我们把要求提高一点，不满足于基础性阅读需求，那么大多数幼儿园藏书在质量和数量上均有较大的提升空间。不可否认，优质绘本的价格比较高，购买足够多的好绘本需要大量经费。所以，幼儿园可以考虑联合其他幼儿园一起购买、轮流使用，或者与公共图书馆开展合作。

班级图书角

大学班级的教室不固定，基本没有班级图书角。中小学班级有固定教室，班级图书角非常普遍。**中小学班级图书角的普及在一定程度上弥补了中小学图书馆存在的问题。**另外，中小学班级图书角拥有两大不可替代的优势：第一，班级图书角具有地理优势，让好书触手可及。第二，班级师生可以根据本班具体情况来挑选好书布置图书角，更能体现主动性和针对性。

遗憾的是，不少班级图书角并没有发挥出这两大优势，让班级图书角沦为摆设。我认为，**不少班级图书角存在定位问题、选书问题和管理问题**。第一，很多班级图书角的定位过于狭隘。定位不应止于服务语文教学，甚至不应局限于学校科目的教学，而是助推学生良好的阅读素养和阅读习惯的养成，为终身学习和持续成长打下扎实的基础。第二，大多数班级图书角的书籍选择过程比较随意，通常由班级同学每人捐出两三本书形成。事实上，很多同学捐出的是自己不愿意读的书，造成班级图书角的书籍质量堪忧，难以吸引同学去阅读。另外，这种方式产生的图书数量一般为 60~80 本，数量也不够。根据我的经验，打造一个优质的班级图书角至少需要两三百本好书。我建议，班主任召集任课老师、家长和同学认真对待选书，基于更为合理的定位（兼顾短期和长期的学生成长），挑选出学科构成、难易构成合理的足量好书，并每年补充一些新书。第三，不少班级图书角的管理过于正式、过于复杂，给管理员增添不少负担，给借阅者造成不少麻烦。我建议，"平时借"不必登记：同学们直接从书架拿书看，一次拿一本，不放进书包，不带出教室，放学回家前把书放回书架；"假期借"自行登记后即可拿走，万一同学没有登记带回家，家长需主动督促孩子将书带回到教室。我认为，只要丢书在可以接受的范围内，不建议大幅增加工作量来确保不丢书。

2017 年 2 月到 2021 年 6 月，我在杭州市人民小学的一个班级进行班级图书角的试验，从二年级到六年级。最初，家委会和班主任基于终身学习视角认真挑选出多学科的、不同难度的 200 多本好书，集中购买。这样，同学们在图书角很容易找到一本喜爱的好书，并且无须借阅手续，在非上课时间随时可以抽出一本好书读。即使只是短短几分钟，也能收获阅读的快乐。5 年多时间里，图书角进行了 2 次增添，每次增添约 50 本书。在这种自由自主的阅读环境中，多数班级同学都翻完了这 300 多本书。这个班级图书角促进了该班同学的各科学习，在均衡分班的前提下，该班的各科学习成绩整体上优于其他班级。现在，这些同学已经步入初中。从了解的情况看，他们在学习兴趣、学习能力和学习成绩等方面显著好于同龄人。是否存在丢书情况？有，但是很少。毕业时，大多数书都还在。最后，这些书由同学们低价购买，带回家留作纪念和继续阅读。这个班级图书角的经费从何而来？起初，每位同学的家庭出 100 元；后来，增添好书又加了 50 元。

其他图书角

我在杭州市钱塘区听涛小学的走廊上看到一些图书角，在杭州市育才中学校门口发现两处沿墙建的图书角。除了走廊和校门口，有些学校在宿舍楼、学科教师办公室、会议室和操场等地方都设置了图书角。比如，浙江大学图书馆联合校团委，在浙江大学教育基金会的支持下，在校内创建了 30 多个悦空间——图书角，包括学院、宿舍楼、办事大厅、校医院等场所。

其他图书角的建设背后涉及 3 个问题：谁出经费，谁来管理，如何定位。首先，书桌或寝室的微型图书角通常是学生自行建构和管理（遗憾的是，部分中小学校不允许学生带课外书进教室、进寝室）。其次，教师办公室的图书角通常由教师自行建构和管理，不排除某些学校给予部分经费支持。再次，学校的走廊、校门口等场所的图书角通常由校方建设和管理。关于其他图书角的定位问题，学生和教师的个人空间由其个人来定位，校方管理的分布式图书角建议赋予其不同主题，并精心挑选符合该主题的好书。

学校图书馆、班级图书角和其他图书角共同构成了学校藏书。若有可能，建议在藏书比较集中或者师生比较集中的地方安排交流空间，为学校读书会提供便捷的活动场地。

第2节　师生读书会

我们可以将学校的老师分为班主任、科目老师、指导老师和心理老师等。不同类型的老师发起的读书会各有特色：班主任或语文老师发起班级读书会，任课老师发起课程读书会，指导老师发起专业读书会，心理辅导老师发起心理读书会，就业指导老师发起职业读书会……

师生读书会的案例

小学阶段的班级读书会通常由语文老师发起，作为语文教学的一种方式。李怀源老师分享过举办小学班级读书会的经验 [1]。接下来，我们简要复述李老师的经验。

面向低年级同学，我拿着图画书《你看起来好像很好吃》讲故事。在一些关键地方，我停下来，让同学想象下一步会发生什么。这样，孩子们会把自己想象成书里的主角，与自己的生活联系起来，感受故事中的温情。图画书给孩子带来无尽的乐趣，带来视觉冲击和无穷想象。想象要以看懂

1　李怀源．班级读书会应该这样做 [EB/OL]．（2019-05-10）[2023-02-21].https://www.sohu.com/a/313080621_491630.

图画内容为前提，所以要让同学充分地看图画。同学在看图时发现细节，锻炼了他们的专注能力和观察能力。

面向中年级同学，我让他们提前自主阅读，然后在课堂上进行交流。以《亲爱的汉修先生》为例，我在课堂上抛出了一系列问题：（1）作者是谁？哪国人？（2）这本书中有哪些人物？你最喜欢谁？说出你的理由。（3）书中最让你难忘的是什么？（4）作者为什么在结尾以"我觉得悲伤，同时也感到很欣慰"结束这本书呢？通过这样的提问，我引导同学关注作者及其背景、懂得读书其实是和作者交流；梳理书中的主要人物以及对他们的感受和理解；聆听不同角度的感受和观点，让同学在交流中完成对整本书的梳理；让同学思考作者成长的心路历程。

面向高年级同学，我引导他们按照人物、章节和整体等角度进行交流讨论。以《草房子》读书会为例，我将一个人物或两个相近的人物放在一起进行交流，同学先说出对"秃鹤"和"西马"两个人物的印象，根据书本谈谈他们名字的由来，让同学加深对人物性格的感受。我让同学们围绕"两个人物身上哪里最让你感动"进行交流，进而加深对"尊严"和"责任"的理解。此外，我让同学们将每个章节划分为三部分，并进行命名，以锻炼同学的概括能力，增加对整体的把握。

小学语文教师举办**小学班级读书会**可以参考以上经验。**幼儿园班级读书会**可借鉴面向小学低年级同学的读书会做法——老师拿着绘本给孩子讲故事，让孩子充分地看图画，引导他们去想象、猜测和表达。当然，幼儿园教师需要讲得更多、讲得更加有趣，还需要允许部分孩子注意力不集中。

中学生班级读书会可以与小学高年级读书会类似，教师应以更平等的姿态与中学生共同深入探讨。**大学生班级读书会**可以是在班主任的指导下发起和运营，也可以是班级同学发起或运营。例如，ZUH1702班级读书会最初由班主任提议和主讲，然后由同学主讲，在4年里举办读书活动50余场，讨论时长达200多个小时。

除了语文老师和班主任，其他任课老师也可以发起课程读书会。**任课老师发起的师生读书会可以是课堂教学的一部分，也可以是教学安排之外的学习活动。**作为课堂教学的面向全部同学的课程读书会，具有**翻转课堂**和共同探讨的特点；作为教学安排之外的课程读书会，体现了任课老师对同学和课程的热情。例如，HSM老师在人文选修课之外组织了"古代经典读书会"，并持续运行了8年以上。**课程读书会有利于激发学习兴趣，促进自主学习和共同讨论，拓展和深化课程知识的学习。**

指导老师发起的专业读书会有些限于导师与弟子的范围内，有些扩展到院系、学校，甚至校外。接下来，我们看一个院系师生读书会的案例。

2008年11月，HYQ召集了一批新闻传播专业2006级的本科生和20多名学院的其他同学，举办了XC读书会的第一场活动。后来，XC读书会在NJ大学的3个校区均有活动。读书会活动流程比较固定而简单：挑一个下午，两位主讲人分享最近阅读的一本书，大家提出问题并充分讨论；最后，由HYQ和其他老师做总结。每一场读书活动的时间大概为2个半小时到3个小时之间。有时，HYQ也会邀请学术界人士、大咖参与读书会，与成员们一起分享交流。从2008年11月到2018年11月的10年里，XC

读书会举办了 700 期以上的读书活动，共同阅读了近 500 本书籍。10 年来，不少校内其他院系的师生和校外爱阅读的人士参加过 XC 读书会的活动，在阅读及其交流中改变自己。HYQ 说："只要我干得动，XC 读书会就会一直进行下去。"10 年来，HYQ 的缺席率不超过 5%。

现在，XC 读书会还在继续，估计已经组织超过 800 期读书活动。其实，**院系范围的专业读书会是比较常见的**，比如 ZJU 社会学系的经典读书会、ZJU 哲学系的猫头鹰读书会和丽水学院的行知读书会等。令人印象深刻的是，ZJU 社会学系的经典读书会成立于 2005 年，持续运行到 2018 年 6 月，走过了 13 年，举办过近 200 场读书活动。很遗憾，ZJU 社会学系的经典读书会停止了运行。不过，ZJU 社会学系新诞生了 QXSY 读书会，该系的专业读书会并没有停止。

此外，不少高校的**心理健康指导中心**组织过心理读书会，如嘉兴学院的"心语读书会"、衢州学院的"心灵悦读"读书分享会和杭州师范大学的"心悦书兮"读书会等。还有，杭州电子科技大学和杭州师范大学的**就业指导服务中心**的老师都曾经组织过职业读书会，如前者曾经邀请校友与将毕业的同学一起阅读和交流职业发展相关的书籍。

师生读书会的建议

关于师生读书会，我提出如下 3 点参考建议：

第一，**每所学校、每个学院至少有一个开放的校级或院级师生读书会**。显而易见，促进学生的终身学习和深度成长是学校教育的应有之义。读书会对养成良好阅读习惯、促进深刻反思和培养深入对话能力都具有非常重要的作用，而这些习惯和能力对终身学习和深度成长都发挥着至关重要的基础性作用。

第二，师生读书会不是多开几节课，而是**创造一个共同探讨的平台**。传统课堂以学科知识为中心，以教师为中心，在传授基础性知识技能方面具有高效率的优势。但是，知识技能的学习过程具有建构性和默会性的特点。双向互动的共同探讨方式的师生读书会有助于更多学生更好地掌握理解这些知识技能，有利于学以致用，建构更有意义的师生关系。

第三，不同的师生读书会可以各有自己的特色。前文讲述的多家师生读书会因为性质和定位不同，其活动的主题、形式等方面自然有很大差异。如果一家师生读书会既要强调师生关系，又要强调深度学习，那么，我建议考虑培养**读书活动主持人嵌入式引导讨论**的能力。若暂无具备这种能力的读书活动主持人，师生读书会可以考虑设置**导师点评环节**以保证活动质量，但是点评时间不宜太长。

第3节　同学读书会

同学读书会，顾名思义就是由同学主导、同学参与的读书会，也可称为学生读书会或生生读书会。同学读书会可以在学校内组建和运行，也可以在学校外组建和运行。同学读书会包括部分班级读书会，广义上也包括校友读书会。

同学读书会的案例

幼儿园和小学低年级的同学，通常要在家长和老师的协助下，发起和运行同学读书会。小学高年级和中学生的同学已经可以自行发起同学读书会。大学生完全可以自行发起和运行同学读书会。接下来，我们探讨 3 个同学读书会的案例。

那一年，小 A 读小学四年级。小 A 喜爱阅读，比较内向，与同学交往比较少。其实小 A 很想与同学多交往，但总是开不了口，也不知道聊点什么。小 A 母亲参加过 BC 读书会的活动，看到活动现场的每个人都是抢着发言，就提议小 A 创建一个同学读书会。第一次，小 A 邀请两位同学到家里举办读书交流活动，每人分享一本自己最近读过的书。有了经验和信心之后，小 A 多次邀请同学到家里分享交流读书心得，并乐在其中。后来，班主任得知了此事，鼓励小 A 在学校里举办读书活动。于是，小 A 的同学读书会就从家里走向了学校。放学后，她在教室里举办同学读书会；周末，她和同学们有时候在户外举办读书活动（当然，除了好书，还有美景和美食）。小 A 变得越来越开朗，她的好朋友也越来越多。读五年级的时候，小 A 被选为班长。她的朗读水平不断精进，还多次获得校级和县级的奖项。

现在，小 A 已经在读高中，学习成绩和同学关系都不错，而且比较擅长通过交流讨论来解决问题。根据我们的调查，未成年人参加过同学举办的读书活动达到 16%，并不罕见。不少学生在读完一本书之后，会找关系好的同学交流读书心得，作为人际交往的一种方式。

B 同学是某校 MBA 某班的班长。在工作多年之后，利用业余时间回到学校继续学习，B 同学非常珍惜这次机会。B 同学发现，除了课堂学习，同学们在课余时间的交流热情非常高，甚至可以说达到了"饥渴"程度。于是，B 同学召集班委协商，并在全体同学的支持下成立了班级读书会。**班级读书会的活动主题包括"六个一"，即一本好书、一门课程、一个案例、一个项目、一个话题和一位同学。**"一本好书"活动就是围绕老师或同学推荐的一本好书进行交流讨论；"一门课程"活动就是围绕每一门课程成立一个课程读书会，推动同学更好更高效地完成作业和准备考试，并创造众多深度交流课程内容的机会；"一个案例"活动就是同学们围绕一个案例搜集信息，从多个角度深度讨论，以促进更深入更系统地理解这个案例；"一个项目"活动就是围绕同学们负责或关注的某个项目，基于 5W1H 以及相关理论进行深入讨论；"一个话题"活动就是围绕同学们关心的话题交换意见；"一位同学"活动就是一位同学讲述自己的工作故事或人生故事，回应同学们的提问，征求同学们的意见。班级读书会活动常在教室里开展，有时在教室外的走廊里进行，或在咖啡吧举办，也经常在线上组织。

现在，B 同学已经毕业，他的同学们也都已经顺利毕业。其实，这家班级读书会是一个学习圈，里面又嵌套了多个子学习圈。**B-MBA 读书会帮助班级同学们顺利完成了课程学习和毕业论文，并促进了同学们的深度学习和深度交往，沉淀了温暖的深厚友谊。**再如，北京理工大学新烛读写社的 3 位发起人在通识选修课上认识，然后组建读书会，聚集一些人一起探讨和成长，希望让读书会成为"黑暗中的一点烛光"。还有一些同学的读书会是在学校支持下发起的，比如泰州学院人文学院有很多班级同学读书会。

C 大学校友会在东南沿海的 D 市联络了 2000 多位校友。校友会通过**俱乐部**和**活动**来促进校友交流、增进校友感情和推进校友合作。CD 校友会除了读书会，还有企业家俱乐部、篮球俱乐部和户外俱乐部等。读书会的活动主要有三类：**好书**的分享交流、**经验**的分享交流、**话题**的分享交流。读书会每月举办一场活动，场地和时间固定，每月第一个周六下午，在一位校友企业家的单位活动室。这个读书会已经运行了 3 年多，每次参加的人数从七八人到三四十人不等。

校友是广义上的同学，类似的校友读书会还有很多。大多数校友会读书会并没有做到定期举办活动，而是作为一种活动选项。校友读书会在交流深度方面有着一定的优势。同时，这种深度交流吸引了一部分校友，也"吓跑"了一部分校友。所以，能够发起校友读书会的学校多为重点大学或重点高中，如浙江大学 MBA 读书俱乐部、武汉大学浙江校友会读书会、瑞中读书会（瑞安中学杭州校友会发起）等。

同学读书会的建议

关于同学读书会，我提出如下 5 点参考建议：

第一，发起和运行同学读书会是很好的锻炼机会，大多数同学都可以考虑尝试一下。同学读书会的发起门槛很低，但是办好却不容易。同学们在发起和运行同学读书会的过程中可以锻炼沟通能力、社交能力、组织能力、深度阅读及分享的能力等。

第二，同学读书会不必要求参与人数众多，三五好友畅谈读书心得也是不错的。只要是读书心得的交流，即使只有2位同学参与，也是同学读书会。同学读书会可以采取邀请制，邀请自己信赖的同学参与。当然，同学读书会也可以通过张贴活动海报来吸引更多人参与。

第三，同学读书会不必强求长期运作。同学读书会可以是围绕一个主题开展阅读交流。这个主题的系列读书交流活动完成后，同学读书会就可以考虑解散。同学读书会也可以一个学期或学年为时间限定，使得读书会运作不成为包袱，也让其他同学留有足够多的尝试机会。如果是班委作为发起人，班级读书会可以贯穿整个学习阶段，同时不应排斥其他班级同学发起新的同学读书会。

第四，低龄段同学的同学读书会需要教师和家长予以协助。幼儿园阶段和小学低年级的低龄段同学也可以发起和运作读书会，但是他们通常需要教师和家长的协助。教师和家长要充分聆听和尊重孩子的意愿，鼓励他们按照自己的想法去运行读书会，给孩子们提供一个探索和锻炼的机会。BC读书会举办的儿童读书会让孩子成为主角，孩子坐在内圈，家长们坐在外圈。现场的主持、分享和协调均由孩子自行安排。不出现大问题，家长们不干涉读书活动的进展。

第五，各级学校及其学院可以考虑发起校友读书会。校友读书会是联络校友、服务校友、反哺母校的方式之一。"交流"是校友读书会的核心，交流包括读书交流、经验交流和设想交流。学校美誉度越高、校园生活回忆越美好、老师曾给的关爱越多，校友会就越有凝聚力。校友读书会把"交流"做好，能够在很大程度上推动校友之间的合作以及校友对母校的反哺。

第4节　教师读书会

"高质量教师"是高质量学校教育的核心要素。如何培育出一大批"高质量教师"？教师读书会是一条可行、有效、低耗的途径。本质上，教师读书会就是基于阅读的**教师共同体**——在专业发展和共同成长的强烈意愿下，教师们积极进取、协作共创，扎根于学校日常的教育教学生活实践，重视作为一个活生生的完整的人的全面发展和深度交往，在"做中学"和"学中做"的过程中建立有意义的关系。

教师读书会主题不仅可以是经典的教育专业书籍，也可以是经典的通识类书籍，还可以是教师们的实践经验、思考与困惑。教师读书会要求并培养了教师具有相应的合作素养，包括教师在合作中的沟通对话能力、组织协调能力和反思评价能力，这些能力直接决定了读书活动的对话质量和共创水平。

教师读书会的案例

这些年，我们接触过幼儿园教师读书会、小学教师读书会、中学教师读书会和大学教师读书会。接下来，我们结合案例探讨一下这些读书会。

JDU 幼儿园教师读书会是园长和骨干教师共同发起成立的。她们共同挑选了 10 本书，包括《云淡风清——应彩云幼儿教学案例随笔选》《与幼儿对话：这样说，孩子更开心》《幼儿发展评价指南》《儿童行为的观察与记录》等。她们用了一年半的时间，共同阅读了这 10 本书。假期除外，每周举办一场读书交流活动，采用自主阅读和合作学习的方式。自主阅读要求所有参与的教师自行安排时间读完 10 本书，并为每本书撰写读书心得。合作学习将一本书分为几个部分，每个部分由一位老师做主讲，其他教师补充分享和共同讨论。

JDU 幼儿园教师读书会的 10 本书精读计划已经顺利完成。**这个读书会激发了幼儿园教师对教学实践的深度反思，促进了幼儿园教师深层次的专业发展。** JDU 幼儿园教师读书会为每一期活动做了详细的活动回顾。这 10 本书成为该幼儿园教师经常谈到的共同话题，为她们组成学习共同体打下了良好的基础。

YS 中学教师读书会是十几位高中教师自行组建的，逐步吸纳了 50 多位教师参与。YS 读书会几位核心发起人希望通过阅读和交流持续成长，借助读书会增加阅读交流的乐趣和深度。此外，教师们希望通过自己的深度成长带给高中生更多更好的指导。读书会成立后的前 3 年，假期除外，每周举办一次读书活动，由一位老师分享一本书的读书心得，其他教师提问和参与讨论。每一位分享者都要撰写一份读后感，结集成册。3 年后，读书会调整为每月一期。通常，YS 读书会在学校图书馆举办读书交流活动，偶尔也付费使用环境优美的校外活动场地。

YS 中学教师读书会已经运行了 7 年多。与 YS 读书会不同，更多中小学的教师读书会是由学校管理者发起的。长期运作和短期运作的中小学教师读书会都有，以短期运作为主。**一般情况下，中小学教师读书会比较强调撰写读书心得，以写促读，以写促进传播，以写沉淀读书会的成果。**

另外，我们访谈过多家大学教师读书会。ZLR 读书会由高校女教师组成，每月一期，休闲功能和社交功能比较突出，交流书目以文学书籍和畅销书为主。ZJM 读书会由某学院的副院长发起，中青年教师共同精读和交流多个领域的经典作品，讨论比较深入。遗憾的是，ZJM 读书会举办了不到 10 场活动后就停止了。HDX 读书会是某高校工会联合校图书馆发起的，活动不定期举办，以读书报告会为核心，辅以讨论。HDX 读书会已经运行了 10 多年，举办过 50 多场读书活动。很显然，HDX 读书会举办读书活动的频率比较低，没有成为读书会运营者的负担，不过成功搭建了教职工读书交流的平台。SRJ 读书会是几位高校教师自行组建的，吸纳了 30 多位教师参与，两个月一期，费用 AA 制，迄今已经举办了 8 年多，打造了一个跨专业的非正式教师学习社群。

教师读书会的建议

教师读书会是一种特殊的单位读书会。第 6 章关于单位读书会的讨论，对于教师读书会运营管理具有重大的参考价值。此处，我基于教师读书会的特殊性，提出如下 5 点参考建议：

第一，每个学校和每个学院都应当考虑组建至少一个教师读书会。我在前文提到，高质量教师是高质量学校教育的核心因素。教师读书会对教师的深层次成长和终身学习均具有重要意义。教师应当以身作则，成为深度阅读、共创共进和终身学习的楷模。

第二，教师读书会可以从短期运作开始，逐步建构一个长期运作的高质量读书会。最初，教师们可以就某个主题组建短期运作的读书会，以积累读书会的运作经验。某些教师读书会没有长期运作的主要原因，是教师们对深度阅读、共创共进和终身学习等的重要性认识不足或者缺乏信心。这需要读书会运营者的统筹规划和精心组织，让教师们逐步体验到教师读书会的魅力与价值。此外，虽然读书会运营者的主要动力可能来源于他们的情怀和信念，但是如果得到学校和教育管理部门的物质奖励和精神激励，还是可以增强和维护他们持续运营读书会的意愿的。

第三，教师读书会应当突出深度学习的功能。与民间读书会普遍对深度学习重视不足不同，教师读书会应当突出读书会的深度学习功能。教师们应当每年认真研读几本好书（含重读），认真撰写几篇读书心得，并与读书会成员进行几次深度交流。目前，有些教师看待问题的视角少、认识浅，提出的解决方案看似专业，实则缺乏可行性，系统思考能力严重不足。教师读书会突出深度学习的功能，将有助于改变这种局面，让教师们成为深度思考和系统思考的榜样。

第四，教师读书会不排斥休闲功能和社交功能。情感交流和深度交往是关注个人和建立有意义关系的必经之路，所以教师读书会也不必排斥休闲功能和社交功能，特别是学校工会发起的教师读书会。事实上，前文提到的 HDX 读书会和 SRJ 读书会在学习功能、休闲功能和社交功能三个方面都有不错的表现。

第五，教师读书会可以考虑为逻辑思维能力、沟通讨论能力和终身学习能力等安排专题学习交流活动。整体上，教师的逻辑思维能力和沟通讨论能力高于社会平均水平。由于教师在社会发展中发挥着不可或缺、至关重要的作用，我个人希望，教师读书会成为高交互的深度学习型读书会的楷模。所以，我建议教师在逻辑思维、沟通讨论和终身学习等方面不断精进，为高质量教师读书会打下良好的能力基础，为学生成长带来积极影响。

本章小结

学校教育是制度化教育的基本内容，有着明显的优势和不足。高质量、多样化的读书会有利于发挥学校教育的优势，弥补学校教育的不足。

1. 学校藏书是学校读书会的物质基础。学校藏书之处包括学校图书馆、班级图书角和其他图书角。大多数高校图书馆藏书量大、优质图书多，已经成为高校师生汲取和创造知识的重要基地。不少中小学图书馆存在许多严重问题，尤其是图书的质量和结构，亟待解决；普及的中小学班级图书角在一定程度上弥补了中小学图书馆存在的问题，但是在定位、选书和管理等方面有待提升。校门口、走廊、办公室、寝室的图书角也是**图书馆式校园**建设的构成部分。

2. 各级各类教师都可以发起师生读书会，比如班主任或语文老师可以发起班级读书会，任课老师可以发起课程读书会，指导老师可以发起专业读书会，心理辅导老师可以发起心理读书会，就业指导老师可以发起职业读书会……师生读书会可以作为课堂教学的辅助手段，也可以是教学安排之外的学习活动，通常具有翻转课堂的特点，可以设立导师点评环节，成为师生深度学习和共同探讨的平台。

3. 同学读书会，又称学生读书会或生生读书会，是由同学主导、同学参与的读书会。同学读书会的运作灵活多变，为同学提供了低成本、高收益的锻炼机会，并促进课程学习和深度阅读，塑造了温暖珍贵的同学情。校友读书会作为特殊的同学读书会，是联络校友、服务校友、反哺母校的有效的创新方案。

4. 教师读书会就是基于阅读的教师共同体，培育出一大批"高质量教师"的可行、有效、低耗的途径。活动主题不仅可以是经典的教育专业书籍，也可以是经典的通识类书籍，还可以是教师们的实践经验、思考与困惑。教师读书会应该成为深度学习和深度交往的楷模，并应该走出校园，作为其他类型读书会的领读人或运营者，服务社会。

第6章

工作单位读书会

　　工作单位是次级群体，是正式组织，有着明确的组织目标、制度文化和管理层级。本书中的组织目标是一个广义的概念，包括组织的使命、愿景和目标。根据性质不同，单位组织可以分为政治组织、经济组织和文化组织。次级群体的建构，主要不是基于成员间的情感和人际关系，而是基于共同的目标和利益。

　　管理者拥有较大的权力是工作单位有效运行的必要条件。值得注意的是，权力是一把十分锋利的双刃剑：善用权力，则带领成员有效率、有效益地实现组织目标；滥用权力，则造成对目标的背离和对成员的侵犯等后果。权力从何而来？**权力的五大基础**可以分为正式的和个人的。正式权力包括**奖赏性权力**（成员服从带来好处）、**强制性权力**（成员不服从产生消极后果）和**法定性权力**（成员对职位权威的接受和认可）；个人权力包括**专家性权力**（源于专长、技能和知识）和**参照性权力**（源于喜欢、尊重或崇拜）。[1] 我们看到，有些单位的管理者的专家性权力和参照性权力的基

1　斯蒂芬·P.罗宾斯，蒂莫西·A.贾奇.组织行为学（第12版)[M].李原，孙健敏，译.北京：中国人民大学出版社,2008：399-400.

础很薄弱，也无意通过学习和沟通去提升，过于依赖强制性权力、奖赏性权力和法定性权力。我认为，这种管理方式是粗放的，消耗了大量的组织资源，也无法实现与成员的深度共同成长，是导致成员身心疲劳与耗竭的**职业倦怠**的重要原因。

换个角度，作为一家工作单位的职员，一个人在签订劳动合同时就把自己的一部分**权利让渡**给工作单位。在工作单位上班，职员要根据某个岗位的要求付出劳动，获取报酬，不可能随心所欲。理论和经验都告诉我们：工作单位的包容性不强，讲究效率效益，需要争取得到领导、同事或市场的认可；得不到认可，该职员就可能被工作单位辞退。当然，职员依然保留了很多个人权利。加上工作单位的授权，即使是普通职员，依然有很大的行动空间。另外，普通职员可以通过专家性权力和参照性权力获得影响力，在有意无意中形成**非正式组织**。如果工作单位管理得好，如管理者掌握精深的专业知识（专家性权力）和拥有优秀的人格魅力（参照性权力），非正式组织的成长空间就会比较小。虽说组织目标和规章制度是正式组织的特征，但是情感和人际关系是不能忽视的，它们是工作单位运行的润滑剂或驱动力。

读书会来到工作单位，带来了"学习"和"交流"的新风气，同时通过适应和重构获得生存空间和发展机会。毋庸讳言，单位读书会"戴着镣铐跳舞"，既服务于成员的幸福成长，又服务于组织的目标实现。**单位读书会办得好，有利于减少组织内耗、调节工作压力、提升工作效率和激发组织创新。**

第1节　工作单位藏书

单位藏书是单位读书会的物质基础，包括单位电子藏书和单位纸质藏书。不同工作单位的藏书既有共性，又有个性。个性是由于不同工作单位的性质、目标、结构和文化等有所不同。所以，**高质量匹配的单位藏书并不容易做到**。单位藏书是由单位图书室、部门图书角和个人图书角的图书构成，三种藏书在相互独立的基础上相互补充。如果单位图书室做得好，部门或职员个人图书角就可以简化一些；如果单位图书室做得不好，部门或职员个人也可以建构一个比较好的藏书空间，以促进部门或个人高效、愉悦地工作。

单位图书室

工作单位与家庭、学校不同，家庭和学校的藏书多一点是好事，工作单位未必如此。家庭里的人放松自在，意味着人在家庭可以向任意方向发展，家人几乎可以交谈任何话题。家庭藏书的类型多一点、数量大一点，可以起到更好的支撑作用。学校是以受教育者的身心发展为直接目标的专业机构，自然也需要数量庞大、类型丰富的藏书。但是，工作单位不一样，工作单位以特定环境下的实践为核心。**实践及其反思是最重要的学习方式，而且这种实践在特定环境下进行，需要大量本地化的理念、知识和技能。**藏书内容有可能与工作单位的本地化实践发生冲突，有可能给工作带来不利影响。当然，如果藏书与特定工作单位匹配，则有利于高效愉悦地工作。所以，工作单位的藏书首先不在于多，而在于匹配。

要让单位藏书真正发挥积极作用，单位领导及相关部门应当给予重视，必要时组建选书小组，精心挑选匹配的好书。即使只精心挑选了一种匹配的好书，但为这一种书备了10册复本，如果这10册好书经常被职员阅读，成为单位的共同话题，也能够有力推动单位和职员的发展。与之相反的是某些单位藏书量很大，有数千册，但其中适合本单位的好书并不多，其结果是成为摆设，浪费空间和金钱。

哪些书与特定工作单位匹配呢？这个问题比较复杂，涉及多个主体间的互动。如果单位藏书打算少而精，可以由单位领导及其相关部门在听取职员建议的基础上确定。如果单位藏书打算达到成百上千册，可以采用多种方式来确定藏书，包括：（1）单位领导推荐的书籍；（2）职工递交过读书心得或在读书会活动上做过分享的好书；（3）通过数字平台征集职员的推荐书目，单位选书小组挑选其中部分书目之后再次请全体职员投票，得票比较高的书目；（4）单位选书小组在参考外部专家的意见之后，对藏书结构进行优化的过程中新增的书籍。最后，好的单位藏书肯定有一个更新优化的过程。

我曾经作为外部专家参与一些单位藏书的选书工作。有一次，我综合考虑领导的期待、人力资源的期待以及职员的期待，将**单位藏书分为7大类**：单位资料类、时代历史类、经济管理类、科学技术类、心理成长类、文学语言类和健康生活类。其中，单位资料类包括本单位发展历程、内部公开资料以及高层领导推荐的部分书籍，时代历史类包括政治宣传类和历史类书籍。这样，结构化藏书在充分满足本单位发展需求的同时，能够快速对接某些特殊要求，比如中华全国总工会关于"职工书屋"建设的要求。

部门图书角

如果单位图书室做得好，部门图书角仅需要藏有少量书籍。当然，如果部门有条件，也可以建设一个书籍较多的高质量部门图书室。

部门图书角的藏书主要包括三类：部门资料、专业书籍和基础书籍。部门资料包括部门职员经验的书面整理和部门正式文件。部门资料将个人知识升级为部门知识，供部门同事学习借鉴。显而易见，财务部门、销售部门、技术部门、人力资源部门等不同部门的专业书籍是不同的。专业书籍包括专业教材（含专业高校教材和专业考试教材）、专业相关法律法规书籍、专业相关的畅销书和新书、专业相关的工具书等。基础书籍主要包括沟通、健康等相关的书籍，通常是寥寥数本即可，不需要特别多。

这样的部门图书角有利于部门职员的终身学习，有利于部门内部的相互学习，有利于打造学习型部门。一般来说，部门读书会可以在部门图书角附近举办，也可以在单位活动室或者外部活动场地举办。

个人图书角

如果部门图书角做得好，职工个人图书角可以极简或者不需要。如果单位图书室和部门图书角建设比较落后，职工可以创造个人图书角。

我认为，除非书籍与工作内容相关，否则普通职员的个人办公桌不需要放很多书。一些办公文件、几本工作相关的工具书就差不多了。如果是针对自己薄弱点的心理或沟通成长类的书籍，建议放在抽屉里，在午休或下班后翻一下，不适宜放在办公桌上，也不适宜在工作时间看。

单位领导的办公室要不要放很多书，这个问题存在一些争议。有的观点认为，领导办公室里放很多书，大多只是充门面，而非真的为了阅读。但是，高级管理者需要概念技能，认真读好书有利于发展管理者的概念技能，而且"推荐某人读某书"可以作为管理手段之一。这个问题的争议让我们意识到，**单位内与单位外（含家庭内）的阅读是不同的，第一重要的事情是把工作做好，注重实践及其反思的重要性，单位内的阅读和读书会只起到辅助作用。**

第2节　面向全体职员的读书会

面向全体职员的读书会是指该工作单位内的任何一位职员都可以报名参加的单位读书会。这类读书会并不意味着全体职员必须参加每一场读书会活动。在实践中，单位读书会可能强制职员参加，也可能吸引职员参加。强制参加，指明文规定对不参加者进行某种惩罚，或虽然没有明文规定但存在（或职员预估存在）对不参加者采取某种惩罚。吸引参加，指让读书会活动具有吸引力，通过奖励促使更多职员参加。奖励和惩罚两种手段并存是单位读书会区别于其他类型读书会的鲜明特色。当然，考虑到活动场地和活动效果，面向全体职员的单位读书会有时也会限定某场活动的参与人数。

面向全体职员的读书会案例

通常，面向全体职员的读书会由单位领导牵头，相关部门操办。接下来，我们探讨 2 个面向全体职员的读书会的案例。

　　FY 公司是一家文化创意企业，有近 100 位职员。在总经理的领导下，总经理办公室和人力资源部创建了 4 个读书会，分别为经典好书读书会、畅销书籍读书会、实用书籍读书会和企业发展读书会。经典好书读书会带领大家精读 5 本经典好书，以夯实职员的精神基础；畅销书籍读书会助推大家阅读热门畅销书籍的内容，作为社会交往的话题来源；实用书籍读书会鼓励大家阅读生活工作相关的实用书籍，掌握简单有用的知识技能；企业发展读书会围绕企业选定的 5 本企业发展相关的书籍举办活动，以建设匹配的企业文化。经典书籍读书会每年举办 5 期活动，每期活动半天时间，现场采用抽签分享和领读人点评的形式。畅销书籍读书会和实用书籍读书会均是一月一期，每期活动有一位领读人，领读人做 15 分钟的读书报告，然后是问答环节（约 20 分钟）和自由讨论（约 25 分钟），即一场读书活动控制在 1 小时之内。企业发展读书会采用共读交流形式，每一期选定一本书，并有多位分享者；5 本书循环安排读书活动。平时，一些职员自行组队共读企业读书会指定书籍。

　　名义上，FY 企业读书会并没有强制职员参加。事实上，参加读书会的情况与职位晋升有关。如果想要得到领导重视，想要得到职位晋升，FY企业职员需要认真阅读和分享相关书籍，尤其是 5 本经典好书和 5 本企业发展相关书籍。虽然总经理在推行读书会方面比较强势，但是总经理的思想并不僵化，能够听取高质量的建议，企业内部也形成了高质量对话的传统。总经理希望通过读书会来拓展和夯实职员的知识面，提升他们的表达能力和讨论能力，将公司打造成学习型组织，促进公司的可持续发展。整体上，目前，FY 公司内聚力比较强，职员的学习热情比较高，创新能力比较强，企业的发展态势良好。

SL 公司是一家制造企业，有 500 多位职员。董事长是阳明心学的拥趸。每个月的月中的某个晚上，董事长举办《传习录》阅读与实践的交流活动。董事长直接主持的《传习录》读书会已经持续运行了 15 年。原则上，企业职员自愿报名参加。偶尔，董事长要求某些职员参加。SL《传习录》读书会提供了全体职员与董事长直接对话的机会。同时，董事长对《传习录》的解读具有强烈的个人色彩，可以认为他把自己的观点"包装"成《传习录》的观点以增加权威性，进而通过这个读书会塑造以自己理念和观念为核心的企业文化，保证了其个人对公司的超强掌控能力，推动了公司的高效运行。

SL 读书会董事长在超强掌控的同时与职员有大量的沟通，保证了公司 30 多年高效、稳定地运行。类似于 SL 读书会的只读一本书的面向全员的企业读书会不止一家。某段时期，杭州某软件公司（现已解散）曾经要求全体员工每天晨读《论语》。另外，我见过一些初创企业的老板要求员工认真阅读《高效能人士的七个习惯》，并不定期交流这本书的阅读心得和实践体会。

面向全体职员的读书会的建议

关于面向全体职员的单位读书会，我提出如下 3 点参考建议：

　　第一，面向全体职员的读书会应当明确运行目的。全体职员读书会是作为管理辅助手段，是作为单位文化生活的一部分，还是为建设学习型组织？抑或是三种目的怎样的组合？运行目的不同，全体职员读书会的运作方式就不同。如果是作为管理辅助手段，运营者应当充分理解管理者的理念和期待。如果是作为单位文化生活的一部分，运营者需要了解职员的需求和期待，在特定企业文化的引领下，以比较轻松的方式予以呈现。如果是为建设学习型组织，则读书会运营者需要对管理和学习均有深刻认识，并对读书会进行精心设计。据我了解，目前的全体职员读书会作为管理辅助手段和单位文化生活的一部分的较多，而真正为了建设学习型组织的比较少。

　　第二，面向全体职员的读书会可以是高层管理者直接领导，也可以是办公室、人力资源部或工会在高层管理者的支持下发起和运行。前文中的SL 公司读书会由董事长直接发起和运行；FY 公司读书会由总经理直接发起，指导办公室和人力资源部具体运作。我也见过，一些单位人力资源部或工会发起和运行面向全体职员的单位读书会，在事前或事后获得高层管理者的一定程度的支持。管理辅助手段导向的单位读书会，通常由高层管理者、办公室或人力资源部主导；文化生活导向的单位读书会，通常由办公室、工会联合多部门共同举办；学习型组织建设导向的单位读书会，通常由高层管理者和人力资源部主导。

　　第三，面向全体职员的读书会的活动主题可以不局限于交流书的阅读心得，还可以交流工作单位的历史、文化和战略的学习体会，交流工作经验，交流工作设想和未来计划。工作单位沉淀了庞大的本地化知识，包括纸面的和非纸面的，这些都非常值得单位读书会学习和交流。理论上，人类知识可以分为直接经验、间接经验和内省经验。工作单位情境中存在大量的直接经验和内省经验，而且这些经验与单位运行相关，是一个宝藏。读书会活动推动相关行动者对自己的这些经验进行梳理，并分享出来，他们的个人知识在分享中跃迁为组织知识。除了书籍和经验，工作设想和未来计划也可以作为单位读书会的主题。单位读书会的学习、交互等特征使其没有常规工作会议那么正式，在相对轻松的环境下更加安全、更加放松地交流碰撞，容易激发出更多观点，带来更多启发。不可否认，某些全体职员读书会以休闲为主要目的，来调节紧张工作带来的压力，采用非常轻松的方式交流各种观点和体会，这也是有价值的。

第3节　面向特定职员的读书会

面向特定职员的读书会类型很丰富。在本节中，我们介绍新职员读书会、管理层读书会、部门内读书会、工会职工读书会等。

新职员读书会

不少工作单位组织了新职员读书会。新职员读书会运行目的主要有4个：（1）学习用人单位的战略、历史和文化。（2）学习胜任岗位所需的理念、知识和技能。（3）促进新职员之间的相互认识，促进新老职员之间的相互认识。（4）倡导终身学习，建设学习型组织。接下来，我们来探讨3个新职员读书会的案例。

　　2022 年 7 月 21 日，天津 SP 公司开展了 2022 年新员工职场训练营读书会。206 名新入职员工分班研读学习《中国 SP 新员工入职教育培训手册》，并结合自身工作实际分享阅读体会。读书会之后，新入职员工纷纷表态传承 SP 精神，凝心聚力奋发向上，踏实走好脚下路，为公司发展做出积极贡献。

　　天津 SP 新职员读书会使用内部的学习资料作为读书会学习交流的文本，这并不是孤案，有不少用人单位都开发了面向新职员的培训资料。当然，更多的新职员读书会直接使用已出版的书籍。

　　为了打造学习型、创新型企业，JHST 人力资源部在 2015 年 4 月 18 日组织年度新员工"情境悦读"读书会，22 名新员工参加交流了心得。全部新员工做了自我介绍，其中 11 位新员工分享了自己的读后感。最后，LJF 的《货币战争》读后感获得一等奖，客服二部 HJP 的《遇见未知的自己》和 SJ 的《海边的卡夫卡》读后感获得二等奖，DJL、ZT 等 8 人荣获优秀奖。

　　整体上，JHST 新员工读书会比较重视新职员的关系融入和学习交流氛围的营造。JHST 的新职员人数并不多，接下来我们看一下新职员人数比较多的 FJHD 公司如何组织新职员读书会。以 2019 年为例，FJHD 公司的新员工读书会的大致情况如下：

　　新员工人数比较多，我们将新员工分为 8 个小组，以抽签的方式确定哪一组的哪一位上台分享。分享书籍来源于我们项目组提供的 6 本图书，每个小组选定其中的一本。每次分享只需要分享部分章节的阅读心得，一个小组以合作学习的方式完成整本书的分享。分享的方式是 10 分钟脱稿演讲，时间误差不得超过 1 分钟。被抽中的小组或个人不参加后续的抽签。每周期内每个小组分享一次，8 天为一轮分享周期。

FJHD 公司以这种方式锻炼新员工的阅读能力、演讲能力和团队协作能力。这些能力对于岗位胜任是有价值的。

关于新职员读书会，我提出如下 4 点参考建议：

第一，新职员读书会可以在单位层面组织，也可以在部门层面或团队层面组织。单位层面的新职员读书会最常见的是由人力资源部门组织，也可能由办公室出面组织。相对而言，部门层面和团队层面的新职员读书会规模小、成分简单，更容易组织，也更具特色。

第二，新职员读书会可以是一个部门独立组织，也可以是多个部门联合组织。单位层面的新职员读书会通常是多部门联合组织，如办公室、人力资源部、工会联合组织。部门层面和团队层面的新职员读书会通常是部门或团队的管理者出面组织。

第三，新职员读书会可以考虑固定几本书。我曾见过一家运行了多年的新职员读书会，这家读书会有 2 本必读书——《高效能人士的七个习惯》和《关键对话》。每一位新职员都需要在入职一个月内做这 2 本书的分享。老职员也会参加，补充自己的实践经验和思考体会。这种固定读本的做法有助于企业文化的传承，促进了新老职员之间的互动。当然，持续多年的新职员读书会的读本也可以是部分固定、部分不固定。

第四，新职员读书会应当重视新职员的关系融入。新职员到了一个陌生的环境，需要一个适应过程。日常工作中的同事关系主要是围绕工作任务以非人格化的方式展开的，新职员读书会提供了新老职员加速了解和增进信任的机会，促进关系融入，有助于共同完成工作任务的合作。在增进彼此了解的过程中，读书会可以借助数字平台。新老职员可以在数字化平台发布自我介绍的图文视频，并在岗位调整或其他重大变化时进行更新。

管理层读书会

不少工作单位组织过管理层读书会，我也多次受邀给一些企业策划、领读和主持管理层读书会活动。大多数管理层读书会是短期的，有着明确的活动目的，通过一场或数场读书活动予以实现。少数管理层读书会运行了多年，推动管理层定期的共同学习和相互交流。接下来，我介绍 3 个管理层读书会的案例。

Z 和 J 创建了一家大数据公司，发展势头很不错。目前，员工有 200 多位，管理者有 20 多位。Z 和 J 都读过《重新定义公司：谷歌是如何运营的》，希望管理层也读一下这本书，为公司增添互联网创新文化。Z 和 J 邀请了外部读书会专家来组织。这位外部专家对这本书、管理学和读书会都非常熟悉。外部专家通过腾讯问卷收集了公司创始人和管理者的期待，基于这些期待设计了读书会活动的流程，在读书会活动现场进行精彩领读，并引导管理层进行分享和讨论。通过这场读书会活动，Z 和 J 都认为公司管理层对谷歌公司的运营逻辑更为了解和理解，并明确了哪些方面可以借鉴，形成了几条有价值的改进设想。

上面提到的这家管理层读书会就举办了一场活动，并没有定期举办的计划。这种管理层读书会的动力来源于单位高层管理者对某本书的认可，他们希望管理层都认真学习一下，于是借助读书会促进管理层的阅读、思考和交流，并改进单位的管理实践。

WZ 公司的管理层读书会已经运行了 9 年。每季度举办一次读书会活动，放在每季度管理层会议之后。管理层读书会由总经理办公室负责。通常，该读书会邀请外部专家来做分享，分享主题与公司经营相关，或者与社会趋势相关，分享主题包括演讲能力、领导能力、法律知识、财务知识、企业文化、数字化管理和未来社区等。读书活动通常由董事长或总经理主持，除了分享环节，也有问答环节和讨论环节。这些年，该公司发展势头一直很不错，外部环境剧变，这家公司顺利完成了战略调整。

WZ 公司是一家大规模的知识服务公司，找到了适合自己的管理层读书会运营模式。注重学习的其他单位可以借鉴这种模式。另外，董事长或总经理主持，很好地把控了讨论的方向。

XZ 公司是大型知名民营企业，运行良好。董事长会不定期邀请中高层管理者到自己的别墅举办管理层读书会。读书会通常放在周末的下午，半天时间，交流讨论一本书、一个话题或者一个问题，可能是与公司经营有关的，也可能是与个人生活有关的，一年举办两三次，大约提前一两周发出邀请。董事长认为，读书会这种交流方式不需要那么正式，可以放松一点，但比闲聊更加聚焦，更加深入。读书会活动之后，董事长会邀请管理层留下来吃晚饭，再喝点酒放松一下。

XZ 公司的管理层读书会的主导者是董事长，具体实施由董事长助理和办公室负责。董事长通过这种管理层读书会与部分管理者发展私人关系，有着比较浓的人情味。这家公司是制造型企业，管理者离职率比较低。

关于管理层读书会，我提出如下 4 点参考建议：

第一，管理层读书会做得好，在某些场景下可以发挥重大作用。这些场景包括：（1）当单位发展遇到瓶颈，需要进行变革创新时。（2）当单位需要推行新战略，需要理解和贯彻新政策和新理念时。（3）当管理层故步自封、不思进取，需要激发斗志和信心时。（4）当单位领导人与管理团队的思想理念不一致、内耗严重，需要坦诚交流和重建共识时。

第二，不同层级的管理者读书会有时合并举办，有时单独举办。基层管理者、中层管理者和高层管理者所需的技能不尽相同，接触到单位机密的程度也可能不同。罗伯特·卡茨认为管理者应当具备三大技能：技术技能、人际技能和概念技能。[1] 通常，基层管理者应当有突出的技术技能，高层管理者应当有突出的概念技能，不同层级的管理者都需要人际技能。有时合并、有时单独举办的办法，既可以节约资源、促进不同层级管理者之间的交流了解，又可以为特定层级管理者提供单独的交流学习的机会。

第三，管理层读书会的设计和组织均需要精心准备，才能确保达到良好的效果。本书第 2 章详细介绍了活动主题、活动形式、活动流程、活动场地等活动设计因素，详细介绍了活动策划、活动筹备、现场实施和活动

1　斯蒂芬·P. 罗宾斯，玛丽·库尔特. 管理学（第 9 版）[M]. 孙健敏，黄卫伟，王凤彬，等，译. 北京：中国人民大学出版社，2008：12.

收尾等活动组织的 4 个阶段。值得一提的是，如果要举办参与人数超过 50 人的深度分享和深度讨论的管理层读书会，可以考虑先分组讨论，然后派小组代表进入内圈分享讨论。另外，单位领导应当作为点评人以掌控方向。

第四，必要时，读书会可以邀请外部专家作为分享嘉宾之一，或者作为活动流程的策划者，或者作为读书活动主持人。读书活动主持人既要对内容有深刻理解，又要有能力引导大家的分享走向深入，走向有效的问题解决及执行。

部门内读书会

部门是将单位组织按照职能、产品、地区或服务对象等维度划分而产生的构成部分，被赋予特定的资源，承担特定的组织任务。一个单位组织的部门有层级，可能包括一级部门、二级部门和三级部门。一个部门有大有小，小的部门只有 1 到 3 人，大的部门可能超过 100 人。部门人员也有稳定的和不稳定的，稳定的部门人员可能数年没有变化，不稳定的部门则经常有人加入、有人离去。

部门读书会可以是部门领导人管理本部门的辅助手段、学习型部门建设的重要抓手、部门内部关系优化的重要途径。接下来，我分享一个部门读书会的案例。

ST 公司的人力资源部内部有一家读书会，我们称之为 STHR 读书会。ST 公司是一家外商独资的制造企业，其母公司拥有 100 多年的辉煌历史。F 是外聘的人力资源部负责人，是 5 个人组成的人力资源部的部门领导。

STHR 读书会每周一期，时间为周五下午 15：00 —17：00。读书会活动主要包括两部分：（1）5 位成员依次汇报本周工作成果，提出工作困惑与同事讨论。（2）每周一人做读书分享人，分享一本书或者部分章节的读书心得，然后是问答环节和讨论环节。5 位成员一致认为好的书，5 人 AA 联合购买，作为部门图书。

STHR 读书会上分享的书以专业书籍为主，也有畅销书籍。STHR 部门读书会促使 5 位成员之间相互学习、终身学习，并且部门内部凝聚力得到了加强。STHR 部门读书会运行了 3 年多，已经成为 ST 公司 HR 部门的惯例。

关于部门读书会，我提出如下 4 点参考建议：

第一，大多数部门读书会活动应以封闭举办为主，以确保部门成员有足够的发表观点和充分讨论的机会。少部分活动可以考虑开放举办，以增加活动参与人数，让更多人受益，并增加美誉度。部门读书会的核心是促进本职工作的交流和学习，不是为了大场面。上述案例的部门读书会只有部门内的 5 人参加，没有对外发布活动，其活动效果很好。

第二，大多数部门读书会活动应与部门专业工作相关，以促进部门成员的专业发展。当然，部分活动可以考虑成员的全面发展，以促进部门成员可持续的、深层次的学习提升。本地化的专业知识是部门读书会的一大特色，并与本职工作紧密相关，应作为活动主题的重点。其他主题可以作为部门读书会的润滑剂，部门读书会也可以组队参加民间的读书交流活动，以拓宽视野。

第三，大多数部门读书会活动可以在部门办公室内部举办，偶尔可以使用外部场地举办。办公室比较便捷，但也比较正式。偶尔，部门读书会活动在外部的茶室、咖啡吧或图书馆举办，可以增加读书会的乐趣。

第四，部门读书会争取长期运行。如果做不到每周一期，则争取做到每月一期。长期运行有助于不断反思相关专业的知识与技能，并且有利于增强部门同事之间的相互了解、情感交流和团队合作。

其他特定职员读书会

面向特别职员的读书会，除了新职员读书会、管理层读书会和部门内读书会之外，还有工会读书会、党员读书会、团员读书会、妇联读书会和职员私交读书会等。其中，工会读书会很普遍。

SK工会读书俱乐部发起于2017年7月。YJ在多次参加了民间BC读书会的活动之后，借助公司工会平台创建了读书俱乐部。每月一期，活动主题由工会成员推荐或投票产生，涉及畅销书籍、亲子教育书籍、心理成长书籍和历史书籍等。SK工会读书俱乐部也曾邀请外部专家做主题分享，并邀请外部专家与读书俱乐部内部成员热烈讨论。

SK工会读书俱乐部运行了3年多，体现了员工关怀。后来，SK公司出现大规模裁员，YJ由于过于繁忙而停止读书俱乐部的运行。工会有经费，可以为每场活动提供充足的图书支持，并有能力支付一定的外部专家费用。SK工会读书俱乐部为工会职员提供了良好的学习交流机会，为他们带来美好的记忆。

近些年，单位党员读书会很普遍，是单位党建的重要途径、思想政治教育的常见方式。此外，单位职员的团员读书会和妇联读书会也并不罕见。除了这些之外，还有一些职员基于私人交往在单位范围内成立了读书会。

MM 读书会是职员 M 自行在单位内部发起的。M 只是一位普通的职员，不是部门领导，也没有担任其他正式职务。M 的工作与文字有关，她喜爱阅读和交流。M 在单位内有一群经常交流的朋友，其中好几位也是爱阅读和爱交流的人。于是，她们就发起了 4 人组成的 MM 读书会。通常，她们在午休时间举办读书交流活动。没有非常正式的流程，交流过程比较随意，可能在单位的某个地方坐下来聊聊读书心得，也可能在天气好的时候在户外边走边聊。

MM 读书会是单位内部的小型非正式学习小组。读书会成员之间的关系很亲密，像姐妹一样。偶尔，她们也会利用假期时间在商场里的书店举办读书交流活动，并在商场聚餐和购物。MM 读书会的成员由于工作长时间在一起，这种临近和熟识增强了她们之间的吸引力，再加上频繁的读书交流和私人交往，使得 MM 读书会的 4 位成员感受到深厚的姐妹情和满满的幸福感。

本章小结

读书会来到工作单位，带来了"学习"和"交流"的新风气，同时通过适应和重构获得生存空间和发展机会。单位读书会是"戴着镣铐跳舞"，既服务于成员的幸福成长，又服务于组织的目标实现。单位读书会做得好，有利于减少组织内耗、调节工作压力、提升工作效率和激发组织创新。此外，单位读书会和**内部讲师**建设可以相互借力、相得益彰。

1.单位藏书是由单位图书室、部门图书角和个人图书角的图书构成，3 种藏书在相互独立的基础上相互补充。单位图书室的藏书可以分为 7 大类：单位资料类、时代历史类、经济管理类、科学技术类、心理成长类、文学语言类和健康生活类。部门图书角的藏书主要包括 3 类：部门资料、专业书籍和基础书籍。通常，普通职员不适宜在办公室藏有大量图书，高层管理者的个人办公室藏书数量存在争议。

2.面向全体职员读书会通常是由单位领导牵头、相关部门操办，吸引和强制参加都是可能的。全体职员读书会应当明确运行目的：是作为管理辅助手段，作为单位文化生活的一部分，还是建设学习型组织？抑或是三种目的怎样地组合？活动主题可以不局限于交流书本的阅读心得，还可以交流工作单位的历史、文化和战略的学习体会，交流工作经验，交流工作设想和未来计划。

3.面向特定职员的读书会类型很丰富，包括新职员读书会、管理层读书会、部门内读书会、工会职工读书会等。首先，新职员读书会运行目的主要有 4 个：（1）学习用人单位的战略、历史和文化。（2）学习胜任岗位所需的理念、知识和技能。（3）促进新职员之间的相互认识，促进新老职员之间的相互认识。（4）倡导终身学习，建设学习型组织。其次，管理层读书会办得好，在某些场景下可以发挥重大作用。这些场景包括：（1）当单位发展遇到瓶颈，需要进行变革创新时。（2）当单位需要推行新战略，需要理解和贯彻新政策和新理念时。（3）当管理层故步自封、不思进取，需要激发斗志和信心时。（4）当单位领导人与管理团队的思想理念不一致、内耗严重，需要坦诚交流和重建共识时。再次，部门读书会可以是部门领导人管理本部门的辅助手段、学习型部门建设的重要抓手、部门内部关系优化的重要途径，可以封闭举办，争取长期运行。最后，面向特定职员的读书会还包括工会读书会、党员读书会、团员读书会、妇联读书会和职员私交读书会等，它们的定位和运作方式各有特色。

第7章

民间读书会

　　民间读书会就是除政府机构和国有企事业单位之外的社会主体面向民间社会组建的读书会。所以，民间读书会不包括政府机关、企事业单位在内部组建的读书会（属于单位读书会或学校读书会），不包括政府机关或国有企事业单位面向民间社会组建的读书会（属于第 8 章论述的其他读书会）。包括民营企业（含民营书店）面向民间社会组建的商业或公益性质的读书会。严格地说，家庭读书会属于民间读书会。但是，家庭读书会很特殊、很重要，我们在第 4 章进行了详细论述。本章讨论的是家庭读书会之外的其他民间读书会。

　　民间读书会如此丰富多彩，我们该如何探讨它们的运营呢？一是用户视角，二是运营者视角。基于用户视角，结合毕生发展理念，本书根据受众年龄段将民间读书会划分为面向未成年人、面向中青年人、面向老年人的民间读书会。不可否认，不少民间读书会面向不同年龄段的民众举办读书会活动。我们可以视之为几个读书会子模块的组合。基于运营者视角，本书可以从运营者的身份与动机的角度去分析（参见第 3 章第 2 节）。我们知道，书店是读书会活跃的组织者。通常，书店读书会利用其阅读空间的优势，与政府、出版社和其他读书会联合举办读书活动。书店可以分为民营书店和国营书店。民营书店读书会属于民间读书会，其做法与其他民间读书会并无实质差别；国营书店读书会属于第 8 章讨论的"其他读书会"，既有图书馆读书会的味道，又有民间读书会的味道。接下来，我们以受众年龄段为分类依据，来探讨民间读书会的运营。

第1节　面向未成年人的民间读书会

未成年人拥有广阔的未来，未成年人的可塑性很强。如果我们给予未成年人合适的教育和支持，容易带来有效的、长远的积极影响。我们在第 4 章和第 5 章分别讨论过家庭和学校如何举办面向未成年人的读书会。遗憾的是，很多家长、学校举办读书会的意愿、能力或精力匮乏，导致读书会活动的质量不佳或数量不够，无法满足未成年人的成长需求。

面向未成年人的民间读书会的定位不一，风格很多样。不可否认，目前的读书会质量良莠不齐。不过，面向未成年人的民间读书会依然是家庭读书会和学校读书会的有力补充。此外，民间读书会可以让孩子们接触到更多类型的人，拓宽社会视野，发展社交能力。

面向未成年人的民间读书会的案例

面向未成年人的民间读书会主要包括家长发起的跨家庭儿童读书会、公益人士发起的儿童读书会、商业机构（含书店）发起的儿童读书会。接下来，我们讲述几个民间儿童读书会的案例。

　　S女士的儿子上小学一年级了。一个月过去，他还没有适应小学生活。S女士想发起一个读书会来帮助儿子，儿子表示赞同。首先，母子协商确定了拟邀请的6位同学名单以及读书会运行规则。6位同学都是与儿子关系比较好的，也都住得很近。其次，在得到孩子父亲的支持后，S女士联系了6位同学的家长，介绍了她的想法。其中5位同学的家长在征询孩子的意见后表示参加。于是，6位小学生的家庭联合发起了一个半封闭型的儿童读书会。这个读书会的做法包括：（1）新成员加入需要得到所有孩子及其家长的同意。（2）每周六下午，举办一起做作业、故事分享会、朗读等活动。（3）活动在6位同学家中轮流举办。

　　迄今，这个跨家庭的儿童读书会已经运行2年多。现在，6位小学生都比较热爱学习，学习成绩也比较优秀，他们的识字水平、阅读能力和表达能力都比较突出，而且社交意识和社交能力也得到了提升。另外，我在调查中发现，不少幼儿家长组建过绘本读书会，由3到7位幼儿及其家庭构成，可能是幼儿家长轮流领读，也可能是一两位家长领读为主。

　　BC读书会强调基于阅读的有温度、有深度的交流，其儿童读书会亦是如此。BC儿童读书会的主要活动形式是轻阅读沙龙和共读分享会。轻阅读沙龙，每位小读者带一本熟悉的书，进行分享和讨论，每期不超10人。共读分享会，由家长代孩子在微信群发布共读邀请，满10人即可排期举办，每期不超10人。一般来说，轻阅读沙龙的参与者年龄跨度较大，共读分享会的参与者通常是小学三年级及以上。本着共建共享的原则，一期读书会活动由一个家庭发起，BC读书会协助。一场BC儿童读书会活动组织流程如下：第1步，家长在群里发布活动设想（含主题和活动区域）；第2步，有兴趣参加者超过5人；第3步，家长解决场地问题；第4步，联系读书会管理员，协商活动细节；第5步，管理员发布活动预告，群友优先报名；第6步，一个家庭的家长和孩子主持读书活动，以孩子主持为主，家长予以协助。

2017年到2020年，BC儿童读书会举办了30多场读书活动，为孩子们提供了一个表达和交流的平台，以提升他们的表达、聆听、理清观点和共同探讨等能力。家长在活动前和活动后给予孩子建议。但是，在读书活动现场，孩子们是中心，坐在内圈，主持人也是孩子，家长们坐在外圈观察孩子们的表现。必要时，孩子们可以向外圈的家长求助。没有出大问题，家长们不影响活动进程。事实上，孩子们的表现给很多家长带来惊喜。

SYC读书会是一家致力于推动家庭阅读的民间公益读书会，已经运行了十多年。读书会的主要活动是讲故事，通过讲故事来推动绘本阅读，并培养基于绘本讲故事的妈妈、讲故事的教师。SYC读书会在全国设立了很多分站，影响了几十万个家庭，获得过很多荣誉，组织过很多比赛。有几年，读书会得到过不少外部资助。近些年，外部资助少了，读书会尝试过收费培训来获得收入，但是所得并不多。目前，SYC读书会的活动比较少。

SYC读书会是全国性面向未成年人（尤其是婴幼儿与低段小学生）的民间读书会。由于规模比较大，读书会的资源消耗也比较多。当外部资助减少时，服务性收入并无明显增加，无法支撑起大规模运行，调整为低频率举办小规模活动。

BB 读书会是一家商业机构发起的民间儿童读书会。BB 的服务对象是 0~8 岁儿童及其家庭，服务内容是图书借阅、阅读活动和阅读指导，收入模式是收取上千家终端小店的加盟费、终端小店向会员出售年卡和半年卡。

初期，BB 读书会举办过不少公益阅读活动，以提升知名度、收获美誉度。BB 读书会积极参加各类读书会联盟的活动，以增加曝光率，并获得过众多荣誉。整体上，BB 读书会运行比较稳定。

面向未成年人的民间读书会的建议

关于面向未成年人的民间读书会，我提出如下 4 点参考建议：

第一，未成年人的家长可以考虑组建跨家庭的儿童读书会，并因地制宜增添某些特色。跨家庭的儿童读书会以 4~7 个家庭为佳。邀请哪些孩子家庭加入是一个重要问题，应该在尊重孩子意愿的基础上家长谨慎地做出决定，宁缺毋滥。读书会活动可以在所有家庭轮流举办；也可以在部分家庭举办，其他家庭在另外方面付出更多。我们建议，所有家庭的付出应当相近，以保证公平，以促进读书会的长期运行。读书活动形式可以借鉴其他儿童读书会的做法，包括阅读分享会（多人多书）、共读交流（多人一书）、一人讲书和故事会等；也可以利用家长的优势，突出美食、手工、写作或科技等某个方向的特色。例如，杭州的 S 女士发起的跨家庭儿童读书会偶尔会有"一起做美食"的活动。再如，丽水的 D 先生是作家，他为儿子发起的跨家庭儿童读书会就有写作指导的活动。

第二，面向未成年人的商业性质的读书会应当加深对儿童阅读、儿童读书会和儿童成长的理解。据我了解，我国商业性质的儿童读书会的活动形式比较单一，大多局限于绘本故事会或朗读活动。从活动内容看，很多商业性质的读书会对儿童阅读和儿童读书会的理解视角狭窄、认识肤浅，对儿童成长缺乏系统深刻的理解。基于以上原因，我认为，目前商业性质的儿童读书会价值比较有限，甚至存在误导儿童及其家庭的情况，还有很大的改进空间。

第三，面向未成年人的公益性质的读书会可以考虑主动寻找图书馆、街道社区等的支持。从我所了解的情况看，我国公益性质儿童读书会以短期运行为主。公益性质儿童读书会的常见发起人是孩子家长和中小幼教师。一些家长为自己孩子举办读书活动的同时，让更多孩子受益。一些中小幼教师认同儿童阅读和儿童读书会的价值，在民间举办公益读书活动。短期举办几场活动，这些发起人还可以承受，但是长期运行就是沉重的负担。在访谈中，我们发现部分发起人有长期运行的意愿，只是缺乏相关资源的支持。

第四，面向未成年人的民间读书会应当进一步丰富活动的类型和风格。整体上，面向未成年人的读书会倾向于举办故事会以及朗读、绘本剧等表演式的活动。我建议，除了有趣的表演式读书活动之外，应当多举办鼓励深度分享和深度讨论的儿童读书活动。例如，BC 读书会就成功举办过 20多场深度交流的儿童读书活动。另外，我建议，除了以书本为中心的知识型读书活动之外，应当举办鼓励儿童表达交流从阅读中激发的真实情感和

真实想法的读书活动。我在调查中曾经发现，同一个孩子在学校读书会和
BC 读书会的表现判若两人——她在学校读书会细声细语，其分享如同在
答题，而在 BC 读书会个性张扬，充满灵气和活力。

第2节　面向中青年人的民间读书会

中青年人是社会发展的中坚力量。可是，**谁在关心中青年人的身心健
康？** 在"亲子读书会"一节，我们倡导亲子读书会是终身的——中青年人
依然可以与父母聊天、聊书、聊人生。至少，我们可以从父母那里得到启发、
感受到温暖的爱。在"夫妻读书会"一节，我们希望通过夫妻读书会让中
青年人认识到其实彼此都不容易，少一些指责和内耗，多一些理解和支持。
遗憾的是，父母可能不在身边，夫妻可能沟通不畅。幸运的是，在人海茫
茫的民间社会中，大大小小、形形色色的社群到处都是。中青年人可以根
据自己的情况，挑选合适的社群加入，放松自己、结交朋友和学习交流，
进而促进身心健康。其中，作为基于阅读的学习社群的读书会，有助于中
青年人**告别孤独感，找到有温度、有深度的亲密朋友，摆脱停滞感，在高
效能的终身学习中获得繁衍感**。值得一提的是，不少中青年读书会组织过
单身专场活动。例如，FRFY 读书会和 TTKX 读书会各自促成了 10 多对
美好姻缘。另外，大多数城市都有面向中青年的读书会，新市民可以借此
加速**社会融入**，解决新生活的适应问题。

现实中，面向中青年的民间读书会的运营方式非常丰富：大多是个人
运营的，也有不少是团队运营的；大多是通过读书会惯例运行，也有不少

建立了管理制度；大多数是公益性质的，也有不少追求商业回报；大多数的休闲功能和社交功能特别突出，也有不少坚持深度学习；大多数是中小规模的，也有不少参与者成千上万；大多数比较关注用户体验，也有不少更关注资源支持方的要求。

面向中青年人的民间读书会的案例

面向中青年人的民间读书会有个人主导的，也有团队主导的。BC 读书会已经运行了 9 年多，目前还是个人主导的民间读书会，希望转变为团队主导的民间读书会。但是，这个转变并不容易，可能需要数年时间。这种状况与该读书会的定位与特色直接相关。

BC 读书会倡导基于整本书阅读的有温度、有深度的交流。这个定位对选书、读书和聊书都提出了比较高的要求。选书，由领读人提出、负责人把关。读书，通过阶梯式收费模式激励书友们认真读完整本书（一期活动通常有 15 位以上的读完者）。聊书，读书会采用内外圈（读完者或研读者坐内圈）交流模式，重视分享环节、回答环节和讨论环节的质量，并积极培育认证领读人，以保证有温度、有深度的交流。很多人对于"有温度、有深度的交流"可谓叶公好龙，起初看似憧憬，其实不敢面对，因为很多人其实并没有持续深度学习的决心。所以，读书会从第 9 年开始打算花两三年时间培育出 20 位认证领读人。这样，读书会的运营有可能从"一个人的坚持"到"一群人的享受"。

BC 读书会的认证领读人需要过四关（领读、沟通、逻辑和主持），难度比较大。BC 读书会的负责人有着浓厚的社会情怀，期待通过读书会为广大阅读者提供一个真正有温度、有深度的交流平台，以期推动高效能的终身学习。虽然该读书会向部分参与者收取费用，但是其出发点并非盈利，而且这些收费并不足以填补场地费、点心费、为年度优秀书友购书等支出。

WSZ 读书会和 SZ 读书会是团队主导的民间读书会，均已运行了 10 年以上。WSZ 是中规模的，迄今举办过 400 多场读书活动；SZ 读书会是大规模的，迄今举办过 1400 多场读书活动。

SZ 读书会的微博号拥有十几万粉丝，其微信公众号亦有几万粉丝。SZ 读书会设有多个主题的分会、多个场所的分会。SZ 读书会拥有专职工作人员，另有几十人的核心成员，还有 200 多位义工协助。SZ 读书会调用了大量资源来保持高位运行。但是，从某些渠道获得的资源并不稳定，给 SZ 读书会的运营带来了风险和挑战。在大规模定位下，分会模块化运营模式既减少了资源投入，也增强了灵活应对变化的能力。目前，SZ 读书会的一些分会已经停办，一些分会在分会负责人的努力下还在持续运行。

整体上，SZ 读书会的休闲功能、社交功能和学习功能都比较突出。但是，在学习功能方面，BC 读书会、AO 读书会和 TOD 读书会可能更为突出。BC 读书会通过用心选书、认真阅读和深入讨论等方式来突出深度学习；AO 读书会将课程技术引入到阅读交流中来突出学习功能；TOD 读书会连续几个月来精读和讨论一本书来保证深度学习。事实上，大多民间读书会更突出休闲功能和社交功能，并不是那么突出深度学习功能。一般来说，休闲导向和社交导向的读书会不强调深度阅读，也不强调深度讨论，其读书活动可能是：（1）轻阅读分享会——若干位书友依次分享自己带的一本书，分享者可能没有读完所带的书，回答环节和讨论环节比较随意，并不深入。（2）共聊一本书——一位或多位书友领读一本书，然后参与者分享自己的感想，这些感想很可能与活动主题相关性很低，更像是闲聊，而不像深入讨论。（3）拆书聊某页某段——并不要求读完整本书，而是约定某页某段的内容进行分享交流，大幅减少参与者的准备时间，其结果很可能是断章取义。此类休闲导向和社交导向的读书会容易成为各种业务推销的重灾区，甚至一些运营者就是为了推广业务而发起和运营此类读书会的。

除了公益性质的面向中青年人的民间读书会，也有不少商业性质的面向中青年人的民间读书会。这些年，我看到两种商业上比较成功的做法。第一种做法以 FD 读书会为代表，录制讲书内容，通过多级代理商出售会员卡，购买者通过互联网平台观看。这种做法没有现场深度讨论，讲述内容的边际成本非常低，多级代理商模式鼓动众多人士参与销售。第二种做法以 ZCA 读书会为代表，收取很高的会员费用，邀请知名人士做读书分享，以高大上的人脉关系网吸引会员。到目前为止，我还没有见过以有温度、有深度的阅读交流为核心的商业成功的读书会，可能是因为此类活动的受众太少、边际成本太高，且难以标准化。

面向中青年人的民间读书会的建议

关于面向中青年人的民间读书会，我提出如下 6 点参考建议：

第一，面向中青年人的民间读书会需要解决活动场地问题。如果是知识交流型读书活动，可以考虑在线上举办，节省场地费用，又可以打破地理限制。当然，高质量的线上读书活动对分享者和主持人的要求更高，分享者需要做精心充分的准备，主持人需要做好补位的准备，并有能力引导参与者提问和讨论。通常，线下读书活动在隐私保护、情感链接、交互效率等方面优于线上活动。线下读书活动的这些优势是大多数面向中青年人的民间读书会所看重的。所以，面向中青年的民间读书会可以考虑通过与图书馆、书店、企业合作的方式获得免费的线下活动场地，或者付费使用茶室和咖啡吧等环境优美的商业性质场地。

第二，面向中青年人的民间读书会不必排斥个人主导，不必排斥小规模，也不必排斥短期运行。面向中青年的民间读书会是中青年非常好的锻炼学习机会，一个低成本的综合的锻炼学习机会。不必排斥个人主导。事实上，大多数中青年读书会就是个人主导。个人主导可以让读书会保持非常鲜明的特色，个人主导使得读书会运营者有强烈的意愿去运行，且大幅降低了沟通协调的成本。读书会本身就是一个双向选择的结果，特色鲜明的读书会可能会吸引志同道合的人。不必在意小规模。小规模鲜明特色的读书会可以给特定人员带来良好体验。民间读书会也不必排斥短期运行：当一个明确具体的学习目标被达成之后，就可以考虑解散；当发起人的尝试失败了，也可以考虑解散。将来，任何人依然可以在合适的时机再次组建读书会。

第三，部分面向中青年的民间读书会可以考虑通过读书会推进高质量的通识教育和推动有温度、有深度的交流。一方面，可靠的跨学科知识结构很重要，是人的全面发展的认知基础。通识教育是一个螺旋式深入的过程，即使某些人在大学接受过通识教育也不够，何况更多人没有体验过高质量的通识教育。另一方面，很多中青年接触比较多的沟通方式是命令和谈判，没有体验过超越目标或多目标的有温度、有深度的交流。有温度、有深度的交流能力对于人的全面发展、对于人与人之间的深度共同成长是至关重要的。在这两个方面，面向中青年人的民间读书会最有可能承担起这个任务，而其他类型的读书会不太可能做好这件事情。

第四，优质的面向中青年人的民间读书会应当兼顾博览群书和精读好书。博览群书，有助于书友享受阅读，满足对多个领域知识的好奇心，增加工作和生活中的谈资。此外，阅读分享活动（多人多书）中的分享者准备时间较少，一般不会成为分享者的负担。精读好书，有利于书友形成对某个领域知识的深刻理解，真正重构知识基础，为建构可靠的跨学科知识结构打好基础。比如，BC 读书会负责人用心推出"精读 10 本好书，建构跨学科知识结构"的系列专题分享。多年来，BC 读书会累计分享交流过 200 多本书籍，有时还会在时隔一年之后为某些好书重新举办共读活动，比如为《公正》《谈美》《关键对话》等书籍多次举办共读交流活动。

第五，公益性质的面向中青年人的民间读书会不必排斥服务性收入作为经费来源之一。我们在第 3 章讨论过"货币资金"是有效率、有效益运营读书会的重要资源。事实上，绝大多数民间读书会没有得到过财政经费的资助，也难以得到财政经费的资助，经费问题需要自行解决：通过联合举办活动降低经费支出，收取活动费，发起人和部分书友捐助。联合举办活动已经被广泛采用，但是依然还有一些费用需要承担。我并不排斥发起人或部分书友捐助，但是我更建议考虑收取活动费作为服务性收入。服务性收入可以推动公益读书会提升服务质量，努力获得参与书友们的认可。同时，服务性收入可使公益读书会不必过于依赖赞助方，从而更好地保持独立性和特色。当然，公益性质的面向中青年人的民间读书会不宜收取过高的活动费。以 BC 读书会为例，BC 读书会的领读人和研读者免费（一方面促使书友研读，一方面给大学生或低收入书友提供了免费的机会），普通读完者 15 元，其他报名者 30 元。收取的活动费用于支付场地费、点心费和给优秀书友购书等。再如，TJY 读书会经常举办线上共读活动，收取 49.9 元／书，一本书的领读人为期 7~14 天在线上做分享，并回答书友们的提问。

第六，长期运行的面向中青年人的民间读书会应当培育核心成员。核心成员包括核心运营者、核心领读人和核心参与者。核心成员是读书会的"定海神针"。核心运营者可以分担负责人的运营事务；核心领读人可以保证活动分享的内容质量；核心参与者可以保证每一场活动都有人来参加。对于绝大多数民间读书会而言，核心运营者不需要太多，太多了沟通协调的工作量太大，以 2~5 位为宜；核心领读人需要耐心寻找和培养，如果有 20 位以上，活动就比较好安排；核心参与者人数要看一场活动的规模和活动频率：如果每月一期和每期不少于 5 人，建议吸引到 50 位以上的核心参与者。培育核心成员的办法包括：（1）把读书活动办好，得到参与者的认可。（2）认真倾听潜在核心成员的想法，必要时做一点妥协或创新。

（3）为核心成员或潜在核心成员安排聚餐、户外等社交性质活动，加强情感链接。（4）给予核心成员一些荣誉、小礼品或特殊照顾，私人交往是核心成员稳固的重要原因之一。

第3节　面向老年人的民间读书会

随着人均寿命的延长，人们在退休之后拥有平均20年左右的银龄时光。"莫道桑榆晚，为霞尚满天"，从毕生发展的角度看，老年人依然有幸福成长的机会。退出工作状态，闲暇时间多了，身体不如以前灵活，熟悉的人相继离世……毋庸置疑，老年人需要面对新情况。**"活到老，学到老"就是有效的策略，因为终身学习除了可以部分扭转随年龄增长出现的认知衰退，还可以让老年人更快更好地适应，甚至在多个方面实现新的发展。**

老年人从哪里获得幸福成长的助力呢？第一位的是家庭。根据第4章的"家庭读书会"的论述，我认为，老年人可以通过"亲子读书会"与成年子女保持高质量的沟通，可以通过"祖孙读书会"与活泼可爱的孙辈共享欢乐时光，并促进孙辈的学习成长。然后是亲朋好友、养老院、街道社区和其他机构。遗憾的是，目前我国专门面向老年人的读书会非常少。在多处搜索和多方打听之后，我只找到10多家老年读书会，电话访谈了其中的10家，并试验了3场面向老年人的读书会活动。基于现实情况，我们建议老年朋友除了参加老年读书会活动，也可以参加没有年龄限制的读书会活动。

面向老年人的民间读书会的案例

老年读书会既有知识学习倾向，又有文娱生活倾向。南京 LLL 读书会的知识学习的倾向比较突出。

LLL 读书会的负责人是方老师。方老师在退休前是一位高级工程师。在他 79 岁那一年，他与社区的 7 位老年书友共同发起了读书会，使用街道社区的活动场地。2021 年，他已经 84 岁了，读书会也已经运行了 5 年多。他们每个月举办一场读书活动，累计举办了 60 多场活动。读书会组建之后，老年书友们读了以前特别想看却没有看的书，将自己的很多回忆和感受写了下来，并与老年朋友们有温度、有深度地交谈。读书会在运作过程中产生一些支出，比如印刷资料、购买零食等。读书会核心成员协商之后，决定收取 50 元年费（事实上没有严格执行）。收取的年费不够用，找街道和单位支持一点，书友捐一点，方老师再补一点。

老年读书会为像方老师这样的离退休知识分子提供了很好的学习平台，支持了他们的"活到老、学到老"，满足他们对书本和学习的浓厚兴趣。再如，杭州 WK 养老型楼盘里有一个运行多年的老教授和老干部自行发起的读书会，北京理工大学、福州大学等高校也有离退休教师的读书会。除了知识学习倾向突出的老年读书会，还有文娱生活倾向更为突出的读书会，比如嘉兴 WQ 读书会和北京 YL 读书会等。WQ 读书会使用图书馆的场地，主要还是由老年人自行管理，多批读书会管理者先后负责过这家读书会，已经运行了 30 多年，为当地文化程度较高的老年人创造了他们喜爱的精神生活空间。北京 YL 读书会运用线上线下平台开展读书活动、"为君读书"和心理剧等活动，丰富老年人的精神生活。

大体上，**持续运行多年的老年人读书会有 3 个特征**。第一个特征是"与心近"——遵从内心而不委屈，体现在：（1）是否参加遵从内心，不参加自己并不感兴趣或者体验不好的读书活动，不委屈。（2）是否缴费、缴纳多少遵从内心，不委屈。第二个特征是"与家近"——场地邻近而不遥远。老年人读书会在楼盘或所在社区的活动场地、养老院、附近的图书馆举办，或是举办不需要离开家或社区，可通过网络收听、收看或参与的线上读书活动。总之，老年人读书会通常不需要老年人跑很远的路。第三个特征是"与人近"——分享讨论而不争吵。相对于中青年读书会的讨论，老年读书会的讨论相对温和，有些老年读书会明文规定"不做无谓的争吵"。

其实，许多中青年为主的民间读书会并不排斥老年人参与，但是参加的老年人并不是很多，主要原因可能包括：（1）有些老年人不喜欢那种观点激烈碰撞的氛围。（2）有些老年人不方便跑很远的路。（3）有些老年人自我限定，不愿学习新理念和新知识。

面向老年人的民间读书会的建议

关于面向老年人的民间读书会，我提出如下 4 点参考建议：

第一，面向老年人的民间读书会可以寻找街道社区或图书馆等单位合作。例如，南京 LLL 老年读书会的书友"相聚到社区活动室"，"社区工作人员会帮忙调试好投影仪，我们有时候会用一下社区的打印机"。苏州 YL 老年读书会在举办走读活动时，社区工作人员说："我们为每一位老年人购买意外险，并且每 10 位老人安排 1 位志愿者。" 一些老年读书会直接以图书馆或街道社区命名，荣誉归图书馆或街道社区，实际上是老年人主导，图书馆或街道社区予以支持。我认为，"老年书友—街道社区—图书馆"三方合作机制是扶持老年读书会发展的较理想方式。

第二，面向老年人的民间读书会应当关注活动体验和核心成员。ZNK 街道社区曾经组建过一个老年读书会，办了两场活动就停了。根据受访者的反馈，活动体验比较差，参加了一次之后，很多老年人不愿意再参加。目前，有兴趣参加读书会的老年人原本就不多，老年读书会更应当提升活动体验以吸引他们常来。另外，培养和留住核心成员是老年读书会可持续运行的关键因素。核心成员包括核心引领者和核心参与者，核心引领者最为关键。持续运行的老年读书会均有一位或多位擅长沟通的核心引领者。

第三，面向老年人的民间读书会应当重视活动经费的保障问题。我们的调查结果显示，虽然一些老年读书会从街道社区或图书馆得到一点资助，但是金额非常有限。大多数老年人读书会采取"一切从简"的原则，以减少资源消耗。尤其在经费自行解决的情况下，"一切从简"是降低经费需求和保持可持续运行的重要策略。我建议，老年读书会量入为出，在没有得到外部经费支持之前，不宜大手大脚。如果活动经费超过了老年书友和负责人乐意承受的范围，读书会就无法继续举办。

第四，面向老年人的民间读书会应当关注读书活动创新。在访谈中，我们发现受教育程度较高的老年读书会对写作、结集成册或出书有着强烈的兴趣。例如，南京 LLL 读书会的老年书友经常分享讨论他们自己的作品，后来每个月推出"一份简报"，"将大家写的散文、诗歌等刊登出来"。

再如，WQ 读书会自编自印一份内部刊物，在过去多年，"每个季度一期，始终没有间断"。在访谈中，我们了解到不少六七十岁的老年人在照顾第三代，其中部分老年人还在辅导孩子学习。LLL 老年读书会等还为社区的小孩们提供免费的学科辅导，既丰富了老年人的学习生活，又增加了社区居民对读书会的赞赏和支持。

本章小结

民间读书会很活跃，数量很庞大，类型很丰富，形式很多样。从毕生发展的角度，我们根据受众年龄段将民间读书会划分为面向未成年人、面向中青年人、面向老年人的民间读书会。

1.面向未成年人的民间读书会是家庭读书会和学校读书会的有力补充，主要包括跨家庭儿童读书会、公益性质的儿童读书会、商业性质的儿童读书会。跨家庭儿童读书会以 4~7 个家庭为佳，共建共享。公益性质的儿童读书会的活动形式丰富，但是资源约束问题突出。商业性质的儿童读书会的活动形式和活动质量还有很大提升空间。

2.面向中青年人的民间读书会有助于告别孤独感，找到有温度、有深度的亲密朋友，摆脱停滞感，在高效能的终身学习中获得繁衍感。面向中青年人的民间读书会不必排斥个人主导，不必排斥小规模，不必排斥短期运行，不必排斥服务性收入作为经费来源之一。优质的面向中青年人的民间读书会应当注重培育核心成员，兼顾博览群书和精读好书，推进高质量的通识教育和推动有温度、有深度的交流。

3. 面向老年人的民间读书会目前尚不多见，但随着老龄化时代的来临和终身学习理念的传播很有可能会蓬勃发展起来。我们发现，持续运行多年的老年人读书会有 3 个特征：（1）"与心近"——遵从内心而不委屈。（2）"与家近"——场地邻近而不遥远。（3）"与人近"——分享讨论而不争吵。

总而言之，面向各个年龄段的丰富多彩的民间读书会以极其灵活的方式，助推各类人员的终身学习，促进人的全面发展。

第8章

其他读书会

　　其他读书会主要是党政机关和国有企事业单位面向外部的读书会，包括国有企事业文化单位面向公众的读书会（以图书馆读书会、出版社读书会和国有书店读书会为代表），基层行政单位面向辖区内居民的读书会（街道社区读书会），媒体类事业单位面向用户的读书会（如广播电台读书会、报社读书会）等。

　　在此，我做 3 点说明：（1）理论上，街道是行政单位，社区不是行政单位；事实上，社区承担了不少行政职能。为了简便，我们使用"街道社区读书会"这个名称。（2）出版社既是媒体单位，又是国有文化企业。出版社读书会值得我们单独探讨。（3）党政机关和国有企事业单位面向内部的读书会属于单位读书会，面向外部的读书会属于本章探讨的其他读书会。

　　相对于民间读书会，其他读书会拥有比较丰富的运营资源，背后有组织资源做支撑。其他读书会的运营目的比较复杂。其中，有些读书会更看重的是上级意见和广泛关注，讲究的是活动场面大、嘉宾咖位高和媒体报道多。当然，也有很多读书会重视活动的内在质量和用户体验。

第1节　图书馆读书会

《中华人民共和国公共图书馆法》(简称《公共图书馆法》)明确提出,公共图书馆应当在保障公民基本文化权益、提高公民科学文化素养等方面发挥重要作用——向社会公众免费开放,收集、整理、保存文献信息并提供查询、借阅及相关服务,开展社会教育。[1]

读书会有利于图书馆发挥作用。第一,读书会促进图书馆文献资源的利用。读书会通常围绕某些书籍开展阅读活动和交流活动,从而推动读书会成员利用图书馆的文献资源。第二,读书会是图书馆吸引读者的重要手段。图书馆各类读书会的数量越多,读书活动越频繁,吸引的读者就会越多。第三,读书会是图书馆各种阅读推广活动中最接近阅读本质的一种方式。读书会以阅读心得的分享交流活动为核心,直接推动了阅读。此外,读书会通常是基于深度阅读的分享交流,改变了浅阅读、碎片化阅读的状况。

换个角度,公共图书馆具有非常适合读书会生长的土壤。图书馆拥有专业的工作人员、庞大的读者队伍、丰富的阅读资源、良好的读书氛围、温馨的交流场所和一定的活动经费。此外,《公共图书馆法》第三十六条规定:"公共图书馆应当通过开展阅读指导、读书交流、演讲诵读、图书互换共享等活动,推广全民阅读。"

综上所述,图书馆组建和运行读书会是公共图书馆的职责所在。图书馆应当以多种方式办好读书会、支持读书会,以保证其在全民阅读和提升

1　中华人民共和国公共图书馆法 [EB/OL].（2018-11-05）[2022-12-05].http://www.npc.gov.cn/npc/c12435/201811/3885276ceafc4ed788695e8c45c55dcc.shtml.

公民科学文化素养等方面发挥重要作用。

图书馆读书会的案例

图书馆读书会可以分为三类：图书馆主导运营的读书会、图书馆联合运营的读书会、图书馆支持运营的读书会。图书馆主导运营的读书会是指图书馆作为核心运营者的读书会，负责读书活动的策划和组织。图书馆联合运营的读书会是指图书馆联合其他机构或个人共同运营的读书会，分担读书活动的策划、领读和组织等关键事务。图书馆支持运营的读书会是指其他机构或个人负责读书会运营的关键事务，图书馆予以场地或宣传等支持。

TZS 读书会是图书馆主导运营的读书会。图书馆开馆之后，不少读者建议图书馆成立读书会，搭建一个阅读交流的平台。2013 年 1 月，TZS 读书会举办了第一场活动。之后，大致上是每月一期。迄今，读书会已经运行了 10 年。TZS 读书会的运营模式比较简约：（1）图书馆提供活动场地，在图书馆微信公众号等渠道发布活动预告，活动预告很简短。（2）读书活动的主持人兼任领读人，由热心书友自荐产生，除了分享阅读心得，还引导参与者分享自己的感受与思考，引导大家围绕关键问题进行讨论。（3）读书活动主题通常由热心书友（特别是主持人）提议，在得到微信群书友的积极响应后即可确定下来。（4）一场读书活动形式很固定，基本都是 10 位左右的书友围成一圈，在主持人带领下分享讨论。TZS 读书会意识到，活动主持人是可持续运行的关键因素。读书会多次发布活动主持人的招募信息，吸引和储备更多的活动主持人。多年运营之后，读书会已经沉淀了一批合格的活动主持人。

TZS 读书会采取了亲民简约的运作模式。与此不同，有些图书馆主导运营的读书会采用线下名家讲座模式，需要支付不菲的讲座费，通常是低频的或者短期的。

SDS 读书会是图书馆联合运营的读书会。2016 年，一家书店在图书馆一楼开业。书店与图书馆联合发起了 SDS 读书会，并得到了上级部门的经费支持。名义上，一场读书会活动的主办单位是文化广电体育旅游局，承办单位是图书馆，执行单位是书店，支持单位是当地媒体。迄今，SDS 读书会举办过 106 场读书活动。活动主题由图书馆和书店共同确定，大多由书店提议。通常，活动是围绕一本书开展。大致上，活动交流书籍一半是畅销书，一半是当地文化相关书籍。

SDS 读书会是图书馆与书店联合运营，更为常见的是图书馆与民间读书会联合运营。联合运营的读书会的活动主题、活动组织等主要事务通常均由民间读书会负责。偶尔，图书馆提议或指定活动主题，给予一些必要的指导和资助。部分图书馆联合运营的读书会采用图书馆购买服务的方式，向民间读书会采购读书活动。例如，HSL 读书会提交一年的活动计划，在得到图书馆的确认后，获得经费支持，举办读书活动。

TTK 读书会是图书馆支持运营的读书会。TTK 读书会的发起人叶老师是一个喜爱阅读交流的人。他经常去图书馆借书和看书。这家图书馆大概有十几个适合读书会举办小型读书活动的场地。只要是发起免费的读书活动，愿意接受书友和图书馆的监督，就可以通过该图书馆网站申请使用场地。迄今，TTK 读书会已经运行了 3 年多。所有读书会运营事务均由叶老师和 TTK 读书会成员自行解决。图书馆只是提供了活动场地，偶尔宣传一下 TTK 读书会，不介入读书会运营的具体事务。

TTK 读书会所在的图书馆的做法也值得借鉴。这种图书馆支持运营的读书会既不会给图书馆带来运营压力，又给了读书会足够大的自由运营空间。有些图书馆提供了一个开放的交流空间，便于书友交谈。然而，读书会活动更适合在封闭或半开放的空间举办。

图书馆读书会的建议

关于公共图书馆读书会，我提出如下 5 点参考建议：

第一，图书馆安排专门的读书会协调管理人员。大多数图书馆设有阅读推广部或读者活动部，读书会由这些部门负责。通常，这些部门更加重视专题展览和讲座报告，并没有在读书会上投入太多时间。我认为，读书会是图书馆非常重要的工作，应当保证足够的时间和精力的投入。

第二，图书馆以多种方式为各类读者举办多种类型的读书会活动，建立一个良好的读书会生态。图书馆主导运营的读书会、联合运营的读书会和支持运营的读书会都可以有，尤其是后面两种读书会，可以快速突破图书馆的资源限制，为更多读者提供读书会服务。目前，公共图书馆在儿童读书会投入相对多的精力，也取得了良好的效果；在中青年读书会方面做得比较浅，需要改进和提升；在老年读书会方面普遍不足，罕见老年人专享的读书会。在读书会活动类型上，朗读活动和讲座活动较多，基于阅读的深度交流的活动较少。

第三，图书馆开辟多处10人左右、20人左右的小型封闭式读书交流区。真正深度交流的读书会活动是小型的，读者的分享讨论比较充分。大型场地更适合的是单向的讲座活动，并不适合深度互动的读书会活动。此外，图书馆设置的读书交流区的申请应当是便捷的，比如读书活动发起人在数字平台或服务台只要简短填写相关信息即可使用。

第四，图书馆积极主动引进本地优秀读书会，并积极主动走出去支持本地读书会的发展。全民阅读是公共图书馆的职责所在，读书会是图书馆天然的伙伴。经过多年的沉淀，很多地区出现优秀民间读书会。图书馆应当主动调研本地读书会情况，积极联络本地读书会，鼓励优秀读书会到图书馆举办活动，或者在图书馆成立分会。即使某些优秀读书会无法到图书馆举办活动，图书馆也可以采取其他方式与优秀读书会合作，少提要求，多服务，支持优秀读书会的内涵式发展。

第五，图书馆积极搭建本地读书会发展平台，举办读书会博览会。例如，湖北省图书馆、广州图书馆、温州市图书馆等，积极主动地联系了当地读书会发起阅读联盟或读书会联盟。公共图书馆是本地读书会联盟最合适的联络中心。我认为，读书会联盟每年至少安排一次读书会博览会，鼓励本地读书会到图书馆设立展台，向广大读者做介绍，推进读书会与读者之间的双向选择。读书会联盟每年对在阅读推广方面做出突出贡献的优秀读书会进行表彰，并通过多种渠道进行宣传，实现图书馆、读书会和读者的多赢局面。

第2节　街道社区读书会

社区是宏观社会和微观生活交会的地方。社区是日常生活的基础平台，也是政府管理社会的末端。社区的真正本质是社区精神——人们通过参与社区生活，形成对社区的认同。遗憾的是，一些社区居委会过多承揽政府机构的事务而无暇顾及居民的深层次需求，造成居民参与社区生活的积极性不高，对社区并没有特别的认同感和归属感，社区的团结力和凝聚力大打折扣。我认为，高质量的街道社区读书会可以在很大程度上改善前面提到的不利局面。

2016 年，教育部等九部门印发《关于进一步推进社区教育发展的意见》。[1] 该意见提出的第一条基本原则就是"坚持以人为本，需求导向"，指出"以学习者为中心，以学习需求为导向，为社区内不同年龄层次、不同文化程度、不同收入水平的居民提供多样化教育服务"。另外，该意见提出将建设"学习型社区"作为主要任务之一，"鼓励和引导社区居民自发组建形式多样的学习团队、活动小组等学习共同体，实现自我组织、自我教育、自我管理、自我服务，不断增强各类组织的凝聚力和创新力"。事实上，街道社区读书会就是基于阅读的社区学习共同体，可以作为社区教育的主力军之一。

综上所述，街道社区读书会建设既可以优化街道社区的治理，又可以

1　教育部等九部门关于进一步推进社区教育发展的意见 [EB/OL]. （2016-07-29）[2022-12-19].http://www.moe.gov.cn/jyb_xwfb/xw_fbh/moe_2069/xwfbh_2016n/xwfb_160729/160729_sfcl/201607/t20160729_273300.html.

促进居民的终身学习，打造"学习型社区"。

另外，有必要说明一下，本节所提到的街道社区读书会使用了街道社区的行政资源，包括街道社区工作人员介入读书会运营。如果没有使用行政资源且没有街道社区工作人员介入，那么在社区举办的读书会就属于民间读书会。如果一家读书会是街道社区工作人员和民间力量联合运营的，那么它既属于街道社区读书会，又属于民间读书会。

街道社区读书会的案例

从表面上看，我国街道社区读书会的类型是丰富的，包括社区儿童读书会、社区中青年读书会、社区老年读书会和作为党的宣传思想工作手段的街道社区读书会。细致一点看，作为党的宣传思想工作手段的街道社区读书会最为普遍，社区儿童读书会也有不少，社区中青年读书会和社区老年读书会很少见。

FS 社区有一个很大很漂亮的社区图书馆，里面有近千册绘本，经常有社区居民带孩子前来借阅。在热心居民的提议和支持下，社区图书馆组建了 FS 儿童读书会。FS 儿童读书会的主要活动形式就是讲绘本故事，主要受众是幼儿和小学低年级的孩子。要讲故事的人很多，要听故事的人也很多。FS 儿童读书会有两个微信群，吸纳了 800 多位社区居民。要讲故事的家长，把打算讲述的时间、书名、讲述者姓名发到群里；志愿者根据群里的申报，将活动汇总，不定期更新"活动安排表"，并发送到两个微信群。FS 儿童读书会每个月颁发"月度优秀领读人"奖状，绝大多数讲述者都可以拿到奖状。运行不到半年，周一到周五的每个晚上都有人讲故事，周六和周日的上午下午也都有人讲故事。除了孩子的爸爸妈妈、年龄较大的中小学生，越来越多的爷爷奶奶、外公外婆成为讲述者。FS 读书会也给志愿者（主要是热心居民）颁发"最美志愿者"奖状，还给讲得多、讲得好的居民颁发"年度优秀领读人"奖状。值得一提的是，社区居民经常是自行购买绘本来讲，讲完之后通常会捐给社区图书馆。值得称赞的是，社区居民大多数是认真准备过的，并且彼此学习借鉴好的讲述方式，其结果是讲述效果非常好。随着时间的推移，原来听故事的孩子长大了，又成为新的讲述者，形成了一个良性循环。

FS 儿童读书会是一个比较成功的社区读书会。社区工作人员比较重视，也投入了不少时间做好服务。当然，读书会的主要事务还是由热心居民（志愿者）完成的。整体上，社区儿童读书会比较好办，有需求，而且需求比较普遍、比较强烈。如果有一个合适的场地，社区工作人员重视且有意愿投入时间推动，社区儿童读书会大概率是可以建起来的。

社区老年读书会比较罕见，但还是有一些。我们在第 7 章中提到的南京 LLL 老年读书会、杭州 WK 老年读书会和苏州 LY 老年读书会等，基本都是使用社区活动场地开展读书会活动。值得注意的是，老年读书会大多发生在退休高级知识分子比较集中的社区。所以，我们预估，随着一大批受教育程度较高的退休人员的出现，老年读书会的需求将迅速上升。由于老年人腿脚不便等原因，社区老年读书会应当是社区读书会的发展重点之一。

HWK 读书会最初是民间读书会，现在是街道社区读书会。HWK 读书会是一个楼盘的几位业主自发组建的，每周举办一次读书交流活动。该读书会的主要参加者就是所在楼盘的青年业主，其中包括一位在街道社区工作的书友。部分青年业主由于工作繁忙，减少了参加次数，读书会面临参与人员不足的局面。在街道社区工作的这位书友牵线之下，街道相关领导与 HWK 读书会负责人进行了沟通，共同决定将 HWK 调整为街道社区读书会：读书会向所在的街道感兴趣的居民开放，继续举办纯粹的读书交流活动；街道社区给予读书会一定的宣传支持和少量的经费支持；读书会具体运营事务由原团队继续负责，街道社区不干涉。就这样，HWK 读书会的书友数量扩充了好几倍，分享者和参与者的人数也得到了充实。

HWK 读书会发挥了街道社区和民间力量的各自优势，让读书会存活了下来，带动了街道社区更多居民的深度阅读和深度交流，形成了可持续的良性循环。事实上，纯粹的持续运行的社区中青年读书会极为罕见，可能是因为行政因素和商业因素容易冲击社区中青年读书会的体验，使读书会不能满足中青年对终身学习的深切需求。

街道社区读书会的建议

关于街道社区读书会，我提出如下 4 点参考建议：

第一，街道社区对读书会的重视不能停留在宣传层面，要深刻理解和践行教育部等九部门提出的"学习型社区"的内涵。我认为，街道社区的认识不到位是目前街道社区读书会发展状况不佳的重要原因。不要让街道社区读书会局限于强拉人头、做表面文章的状态中，而是要"坚持以人为本，需求导向"，从全民终身学习的角度踏踏实实推进社区读书会建设，满足辖区居民的多样化的阅读、交流与学习的需求。

第二，街道社区读书会可从简单的读书活动开始。街道社区读书会的参与者受教育水平相差比较大，可以采取以下 4 种方式降低读书活动的难度：（1）多采用朗读、讲故事等较为简单的活动形式。（2）考虑到不少参与者可能没有读过，可以安排书友朗读约定文本后，再交流感受和思考。（3）一本书可以拆分为多个部分依次举办读书交流活动。（4）居民各自带书来分享，对分享交流的深度不提出过高要求。等到街道社区读书会的书友的阅读能力、阅读习惯和讨论能力提升到更高水平之后，再采用整本书阅读之后深度交流的读书活动形式。

第三，街道社区读书会积极寻求与图书馆、学校和民间读书会等的合作。街道社区工作人员的强项不在于读书会运营，而是对本街道、本社区的情况比较了解，掌握信息传播的渠道，拥有一定的公信力，并有服务街道社区居民的热情。公共图书馆在读书会领域比较有经验，而且图书馆有着良好的图书资源。街道社区可以在图书资源、读书会活动场地、读书会活动组织和宣传等方面与图书馆展开合作。学校在师资等方面具有优势。街道社区可以与辖区内的学校进行合作，获得讲师资源，推动学校、家长和社区的联动，促进社区读书会发展更好。民间读书会良莠不齐，街道社区可以寻找优质的民间读书会进行合作，只要给予场地和宣传支持，就能够激发出很多公益性质的民间读书会的热情。不难发现，优秀的街道社区读书会通常是双方甚至多方合作的结果，联合举办可以让街道社区读书会的活动质量更高、影响面更大、运行更持久。

　　第四，街道社区读书会应当优先关注儿童读书会和老年读书会。首先，儿童读书会是居民比较普遍的需求，活动组织比较容易，并且可以将众多家庭联络起来，增加街道社区的认同感和凝聚力。其次，越来越多的老年人对精神生活提出更高的要求，对阅读和读书会有更多的期待。如果街道社区有合适的老年读书会，老年人就不必跑远路，可以在家附近享受高质量的思想交流。最后，等到时机相对成熟，采取前文提到的多方合作方式，组建中青年社区读书会。

第3节　出版社读书会

　　媒体包括广播电台、电视台、报社、杂志社、出版社和其他类型媒体。其中，出版社整天与书打交道，在出书、卖书的过程中会自然而然举办读书活动，与读者产生多种互动。所以，我们先将出版社读书会从媒体读书会中单独拿出来讨论。不管出版社是否有成立读书会的仪式，出版社与读者之间天然存在着一个读书会。办好出版社读书会，可谓办好出版社的基础性工作。

出版社读书会的案例

　　出版社组织读书会，会不会有"王婆卖瓜，自卖自夸"的味道？很多出版社读书会活动上，作者和编辑说的都是赞誉之辞，更关注的或许是多卖书。与此形成对照的是，很多民间读书会对书经常会提出质疑和进行拓展，从多个角度进行交流碰撞，更关注的或许是与自身经验相结合的美好体验或知识升级。出版社读书会最常见的读书活动形式是新书发布会，然后是讲座活动、荐书活动、共读活动、读者交流群。

每一家出版社都组织过新书发布会。新书发布会通常会联系媒体和经销商，常有签售环节，可以给作者和出版社带来经济回报。新书发布会的具体做法不尽相同：有些新书发布会找很多人到现场推荐，有些新书发布会主要是作者生动地讲述自己写书的故事和书本的内容，与书友有很多互动。

讲座活动是出版社为书友提供高质量内容的读书活动形式。讲座活动通常与新书发布会、荐书活动相结合。讲座活动考验了出版社的资源整合能力，只有少部分出版社经常性组织讲座活动。

PKP 出版社原本就有组织读书讲座活动，在 2015 年新创了一个讲座品牌，联络全国多地的阅读空间，通过线上线下迄今已举办 400 多场讲座活动。PKP 在讲师资源、知名度和传播渠道等方面拥有良好的条件，其整合资源的能力也非常强。PKP 的讲座活动与 PKP 的出书卖书形成非常好的良性循环，巩固了 PKP 出版社的领先地位。

除了 PKP 出版社读书会之外，还有几家知名出版社经常性组织读书讲座活动，既展示了出版社的组织能力，也在一定程度上推动了全民阅读。遗憾的是，大多讲座活动与书友们的互动并不深入，也没有很好地促进书友们的整本书深度阅读。

GXS 读书会是出版社的读书会。GXS 读书会多次为新书组织全国共读，招募多地的读书会联合举办新书的阅读交流活动。以 2020 年的某本书的系列活动为例，GXS 在其公众号发布共读招募信息，包括线上共读活动和线下共读活动。线上共读活动包括 7 天的共读打卡（发布之日起的 7 天，有人领读）和 1 个小时（第 7 天晚上）的作者多平台的直播分享，打卡次数前 30 名获赠与书相关的藏书票和挎肩包。线下共读活动向 24 城招募读书会组织线下活动（作者分享后的周六、周日），给读书会组织者赠送活动样书、藏书票和图书文创布袋。

GXS 读书会的共读活动包括线上共读打卡、线上作者分享和线下多场读书会活动。我个人认为，GXS 读书会目前的活动安排过于紧凑，留给信息传播的时间偏少，留给书友的读书时间也偏少。如果在 "7 天线上共读活动" 之前留有一周准备时间，在活动发布之后，给线下共读活动留有 3 周左右的时间，共读活动效果估计会更好。GXS 读书会除了全国线上线下共读活动之外，经常组织一次性的新书分享活动，通常是 1 小时左右，作者在线下现场或者线上语音做分享，然后回答 5 个左右的问题。迄今，GXS 读书会举办了 140 多场一次性的新书分享活动，分享质量普遍比较高。

PKP、GXS、RMP 和 CPG 等出版社都开设了读者交流微信群。事实上，只有少数微信群有读者在交流读书心得。更多时候，这些微信群是出版社发布信息的平台。

通常，出版社读书会与书店、民间读书会有着广泛的合作。曾经有两家出版社先后尝试联络国内众多民间读书会，打算长期联合举办读书活动，但是它们对民间读书会的要求比较多，为民间读书会提供的支持比较少，最终都悄无声息地停止了。偶尔的合作，出版社与合作方通常不会有压力，也极可能各有收获；长期的合作，原来的收获的边际收益可能下降，需要更为扎实的共赢基础才能让合作持久。

出版社读书会的建议

关于出版社读书会，我提出如下 4 点参考建议：

第一，除了举办新书发布分享活动，出版社应当多举办口碑好书的深度交流活动。毋庸置疑，新书发布分享活动有助于新书的宣传和销售。目前，很多出版社组织的读书交流活动为单向讲座类活动，并不是基于整本书深度阅读的交流活动。出版社举办读者评价好、书评人反馈好、销量比较大的口碑好书的互动型深度交流活动，一方面可以督促自己多出经得起时间考验的好书，另一方面可以促进更多读者的深度阅读，增加读者黏性。

第二，除了线下读书活动，出版社可以多举办线上读书会活动。线上活动可以打破地理限制，打破时间限制（通过线上回放），打破人数限制（如微信视频号直播没有人数限制）等，让更多人受益，也可以降低出版社的宣传成本。通常，线上读书会以及记录可能会促使分享者更加用心地做分享准备，更加用心地与现场读者互动。

第三，出版社可以多与图书馆、民间读书会联合举办读书交流活动。DAX 出版社读书会多次与上海图书馆联合举办读书交流活动。优质的民间读书会是出版社可以考虑的联合举办活动的伙伴。机械工业出版社、中信出版社、华东师范大学出版社、广西师范大学出版社等微信公众号都有与民间读书会联合举办读书活动的文章。目前，我国很多地区都有优质的民间读书会，数量极其庞大。出版社与优秀民间读书会联合举办活动，能够提升知名度和美誉度，促进书籍销售，共同推动全民阅读。

第四，出版社读书会可以考虑把读书活动系列化。目前，大多数出版社读书会的活动是零散地举办，为一本本新书举办读书活动，没有形成主题系列化。这样，读者难以形成准确预期，很可能是来凑热闹的。少数出版社读书会给读书交流活动添上匹配的标签，形成几大系列，或者在特定时期内就举办某个主题系列的几场活动。于是，读者可以提前准备，通过系列活动，针对特定主题的核心问题进行系统深入的阅读思考。

第4节　其他媒体读书会

除了出版社之外，广播电台、电视台、报社、杂志社等其他媒体具有传播渠道方面的巨大优势，并具有一定的权威性和公信力。

其他媒体读书会的案例

其他媒体读书会大致举办3种读书活动：第一种是在媒体线上平台发布读书交流活动的音频或视频；第二种是走到线下，在多种类型的场所举办读书分享交流活动；第三种是学术期刊举办的专业研讨活动。

2022年4月23日起，RG983读书会开启了"好书分享"之旅。RG983读书会是由某地FM98.3广播电台联合当地新华书店推出的读书会。读书会的主要活动形式是一位领读人以3分钟左右的短视频介绍一本书的阅读心得。领读人最初是广播电台的主持人，然后吸纳教师、律师、图书馆馆员等多种类型的当地爱书人作为领读人。领读人的分享质量比较高，视频制作也比较精致。迄今，RG983 读书会已经推出了 50 多期的线上读书分享活动，通常是每周两期。另外，RG983 读书会举办了少量几期进书店、进校园、进农家书屋等线下活动。每期读书分享视频在多个平台发布；每期读书活动在留言区抽取一位幸运网友，由新华书店提供 50 元购书券。

除了 RG983 读书会，不少其他广播电台也组建过读书会。再如，1045 读书会通过广播电台播送了电台主持人和外部领读人的读书交流，累计举办过 100 场读书活动。DUZ 杂志读书会在微信公众号通过文字加音频的方式开展读书分享活动，阅读量很大。除了免费的，还有收费的媒体读书会。例如，HH 电台读书会在一年内制作了 100 本书的 15 分钟解读，售价 199 元。以上这些都属于第一类其他媒体读书会。

LM 读书会是由一位电视台主持人创办的，从 2015 年 4 月到 2019 年 3 月举办了 104 期读书分享交流活动。LM 读书会的一场活动通常有 1 位轮值会长、1~2 位导读嘉宾、3~5 位分享嘉宾和一大群的现场书友。轮值会长负责一场活动的组织协调工作。导读嘉宾做开场介绍以及过程中的衔接引导，类似于主持工作，也经常由广播电视台的主持人担任。分享嘉宾分享自己所选择的一本书的阅读心得；分享嘉宾的年龄从 9 岁到 90 多岁，他们的职业也非常丰富。现场书友除了倾听之外，在活动收尾阶段可以参与交流。LM 读书会走进图书馆、校园、政府机关、社区等多种类型的场所，每一场活动都有一批不同类型的分享嘉宾和现场书友。通常，LM 读书会创始人会到活动现场，在活动收尾阶段向分享嘉宾提问、引导现场读者参与交流。在活动结束前，下一期轮值会长可能登台介绍下一期的活动。

LM 读书会有一个小型运营团队，除了创始人之外，还有 6 位志愿者。

LM 读书会的主持人负责几个栏目，读书会不是他的本职工作，但与他的工作有所关联，属于媒体读书会与民间读书会的融合体。QJ 报社读书会运行了 10 多年，与政府、出版社和阅读空间有着广泛的合作，以文艺书籍的新书发布会为主。QJ 报社读书会的活动频率并不高，近几年每年举办的读书活动不超过 5 场。LM 读书会和 QJ 报社读书会以线下读书活动为主，属于第二类其他媒体读书会。这类读书会比较少见，毕竟与运营者的本职工作的相关度不是那么高，而且线下读书活动的运营复杂度比较高。

很多学术期刊举办研讨会或论坛活动，属于第三类其他媒体读书会。一篇学术期刊论文的发表，通常意味着其理论基础、文献综述和研究方法等符合专业要求。显然，此类读书会的参与者须有扎实的学术功底，不是面向大众的，而是面向小众的专业研究者，属于某个专业的科学研究共同体。

其他媒体读书会的建议

关于其他媒体读书会，我提出如下 4 点参考建议：

第一，广播电台、报纸等媒体可以报道优质民间读书会的成果与特色。据我了解，很多优质民间读书会从来没有被广播电台、报纸等媒体报道过。事实上，他们可能已经为参与者、全民阅读和学习型社会坚持了很多年，举办过数百场或数千场高质量的公益读书活动。我认为，这些优质读书会及其运营者应当获得更多的关注和荣誉。对优质民间读书会的报道，既可以让运营者获得精神回报，又可以让更多人享受到优质的读书活动。

第二，充分发挥在传播渠道、表达能力和信任度等方面的优势，开展线上读书活动。RG983 读书会和 1045 读书会给我们的启示有：广播台、电视台有口头表达能力很强的主持人和有影响力的传播渠道，并能够制作出优良的与读书相关的音频或视频。另外，报纸和专业期刊有书面表达能力很强的文字工作者，有很好的受众基础和信任度，并能够创作出优良的与读书相关的文字稿。无论是品质良好的音频、视频还是文字，都可以通过互联网平台迅速传播，并基于平台与读者交流。

第三，多与图书馆、民间读书会和阅读空间等联合举办读书会活动。前文提到，LM 读书会和 QJ 报社读书会经常与多方深度合作。事实上，媒体、图书馆、民间读书会和阅读空间都有难以模仿的**核心能力**。媒体与图书馆、读书会或阅读空间合作，都可以形成优势互补。以上 4 种机构通力合作，可以呈现出一系列影响深远的高质量读书活动，如书香中国·北京阅读季、深圳读书月。

第四，媒体要适度克制"作秀"的原始冲动，多一些深度阅读、深度分享和深度讨论。媒体擅长"作秀"，主持人长得好看，说话好听，依靠形象和技巧，就可以吸引到一大批拥趸。但是，我希望某些媒体读书会不要仅满足于表面的热闹，而是致力于传播和引导真正的阅读交流。

本章小结

其他读书会主要是党政机关和国有企事业单位面向外部的读书会，主要包括图书馆读书会、街道社区读书会、出版社读书会和其他媒体读书会等。

1. 组建读书会是公共图书馆的职责所在。图书馆读书会可以分为 3 类：图书馆主导运营的读书会、图书馆联合运营的读书会、图书馆支持运营的读书会。图书馆应当多开辟 10 人左右、20 人左右的小型封闭式读书交流区，为读书会的活动创造条件。图书馆应当积极搭建本地读书会发展平台，举办读书会博览会。

2. 街道社区读书会建设既可以优化街道社区的治理，又可以促进居民的终身学习，打造"学习型社区"。街道社区对读书会的重视不能停留在宣传层面，要深刻理解和践行教育部等九部门提出的"学习型社区"的内涵。街道社区读书会可以从简单的读书活动开始，积极寻求与图书馆、学校和民间读书会等的合作，优先关注儿童读书会和老年读书会。

3. 出版社与读者之间天然存在着一个读书会。出版社读书会最常见的读书活动形式是新书发布会，然后是讲座活动、荐书活动、共读活动、读者交流群。出版社应当多举办口碑好书的深度交流活动，可以多举办线上读书会活动，可以考虑把读书活动系列化。

4. 广播电台、电视台、报社、杂志社等其他媒体大致举办 3 种读书会活动。其他媒体读书会可以发挥在传播渠道、表达能力和信任度等方面的优势开展线上读书活动，多与图书馆、民间读书会和阅读空间等联合举办有深度的读书活动。

附录

爱上读书的GSM-E模型

在通往成功、幸福的道路上，我们需要持续学习。学习途径有很多种，包括实践、听课、讨论、反思和阅读，各有各的价值，各有各的局限，组合使用，效果更佳。我相信每一位书友都是怀着美好的期待打开书的。有的书友如愿以偿，有的书友感到失望。一次次的失望，让一些朋友疏远了读书；一次次的如愿，让一些朋友爱上读书。

读书目标（Goal）、书籍选择（Selection）、读书方法（Methods）和读书环境（Environment）就是读书体验的四大要素。前三者属于个人因素，最后一个属于环境因素，四者构成了读书体验的 GSM-E 模型。我建议，从读书目标出发，通过有效的书籍选择、匹配的读书方法和适宜的读书环境来达成读书目标，实现预期，从读书中收获快乐和成长，从而形成正强化，爱上读书。

一、为什么读书？

因为有用，所以读书。读书有什么用呢？读书在"信息获取""情感体验""能力提升"等方面都很有用。首先，信息获取是读书的最基础的工作。信息，以某种机制触发了情感体验，以某种方式为能力提升添砖加瓦。

其次，读书带来的情感体验可以分为两类：一是娱乐消遣，一是陶冶情操。为了放松、刺激或好玩而读书，就是为了消遣娱乐而读书；为了让内心更加宁静，更具灵气而读书，就是为了陶冶情操而读书。最后，读书带来的能力提升可以分为两类：一是提升表达能力；二是通过深度阅读，系统地研究和掌握某专题相关的知识。

在互联网时代，为什么还要读书呢？我想，网络文章常常提供的是碎片化信息，碎片化信息难以嚼透，让人成为"知道分子"，长期沉溺于碎片化信息会破坏深度思考能力。好书的信息更可靠、体系更完整、论证更严密。体系完整、论证严密的论述更能让人内心宁静、思考深刻，有助于系统地处理复杂事情。

事实上，很多人都意识到了读书的价值，却没有去读书。其中一个原因可能是：没有理清个人的读书目的，没有从笼统含糊的读书目的切换到个人在特定时期的符合 SMART 原则的读书目标，即读书目标应该是具体的、可衡量的、可实现的、相关的和有时间限定的。

二、怎样选书？

有的人把书翻开了，却读不下去，有可能是选错了书。其实，选错书的现象并不罕见，甚至可以说非常普遍，以至于一份好书单一出现，书友便纷纷转发。然而，每个人的情况不尽相同，再好的书单也只能拿来参考，书友还得学会自己选书。

在选书之前，我们需要了解书籍的分类。常见的分类方法是基于学科，比如书籍种类可分为社会学、心理学、管理学、物理、化学等。另外，我认为有必要根据表达风格对书籍进行分类：偏感受、偏论证、偏事实。偏感受的书包括诗歌、散文、小说等；偏论证的书包括哲学、学术专著、理工科教材等；偏事实的书包括历史、案例等。一本书可能包括多种表达风格，比如说黄仁宇的《中国大历史》，既注重基于史料的事实描述，又注重基于事实的观点论证。而有一些所谓的历史故事没有对史实进行深度系统的考察，在极其薄弱的资料基础上大肆发挥，这样的书就不是偏事实的书，而是偏感受的书。还有很多看似偏论证的书，其论证并不符合逻辑，这样的书也不是偏论证的书，还是偏感受的书。

在选书前或选书中，我们需要确认自己的读书目标。有些人在翻书的过程中才产生明确的读书目标。有了个人读书目标之后，再依据书籍分类聚焦搜索，就可提升选书的效率和效益。

接下来，我们就从多渠道搜集关于书的信息。关于书的信息渠道，可以分为 3 类：真人询问、网络搜索和直接翻书。真人询问包括向专家询问、向书友询问；网络搜索包括在百度、豆瓣等搜索书单或书名；直接翻书包括在微信读书、网易蜗牛读书等平台翻看电子书，也包括在书店、图书馆等现场翻看纸质书。

在搜集到各种信息之后，我们基于一些标准来判断书的好坏。评判标准包括信息来源的可信度，评分、评价数，出版社、系列、作者或译者以及难度等。一般来说，专家和阅读推广人的意见相对比普通书友可信，自己直接翻书得到的信息比间接信息更可信。评分高且评价数多，这本书很可能是好书；如果评分高但评价数不多，可能是炒作的结果，并不一定是好书，但也可能是一本内容比较小众的好书。一些出版社出版的品牌系列

217

书可以作为重要的评判依据，比如说商务印书馆的"汉译世界学术名著丛书"，中国人民大学出版社的"社会学译丛·经典教材系列""工商管理经典译丛"，上海译文出版社的"译文经典"，译林出版社的"牛津通识读本"，华东师范大学出版社的"21世纪人类学习的革命"译丛，机械工业出版社的"华章经典·管理"，湖南科学技术出版社的"第一推动丛书"……由于相关经验、背景知识和心智模式的不同，一本书对于不同的人来说难度不同。选书时，我们应该选择适合自己难度的书。

选错书的风险总是存在的，在读书的过程中可以重新做出判断。只有认真读过的书，我们才知道这本书对我们来说是不是一本好书。但是，基于个体的读书目标，综合分析多种信息，认真做出选书的判断，可以大大降低风险。

三、多少种读法？

读书方法千变万化，可以说有无数种。读书方法本身并无对错，就看与读书目标、书籍类型、读书环境和心理状态是否匹配。我们可以根据这些因素的变化，灵活地调整读书方法。万变不离其宗，所有的读书方法都是由6种视角的不同选择组合而成。读书方法是读书体验中的重点和难点，我们相对详细地讨论一下。

（一）读书的完整程度

通读就是读完一整本书，跳读就是只读部分内容。翻书，就是一种跳读。以逐行逐句的快速阅读把书本读完，就是通读，而不是跳读。

如果你读完一整本不是很好的书，不仅浪费时间，还可能会让你对读书失望。所以，该跳读时就跳读。即使是一本好书，你若没有整块的时间去通读，也不妨先跳读一下。许多书的重要内容不超过文本的 20%，剩余的 80% 是从不同角度对重要内容进行解释。如果学会了有效的跳读，你就可以快速汲取你感兴趣的或你认为重要的信息。

（二）读书的精细程度

精读就是精细地阅读整本书或部分内容；粗读就是粗略地阅读整本书或部分内容。大多数的书都不值得精读，许多值得通读的书也不值得精读。慢速阅读、做标记、做笔记都是精读的必要条件。精读是研读的近义词，精读对时间和能力的要求很高。于是乎，精读的书肯定不会特别多，也因此粗读成了泛读的近义词。

不要小看粗读，粗读很重要，且有很多讲究。在此，我介绍 4 种粗读方法：（1）粗略地看一下目录、作者简介、前言，然后随手翻看几页，耗时大约 10 分钟之内。（2）比较认真地看一下目录、作者简介、前言，挑选感兴趣的**或**认为重要的部分读一下。（3）比较认真地看一下作者简介、前言，认真地读一下目录，挑选感兴趣的**和**认为重要的部分读一下。（4）在第三种粗读的基础上，以跳跃式快速阅读的方式翻完整本书。

是从聚焦的精读还是从广泛的粗读开始？我推荐的是一个读书循环：从广泛的粗读，到广泛的精读，再到聚焦的粗读，再到聚焦的精读。广泛的粗读，可以让我们快速了解多个领域的重要信息，初步理解其中的一些重要理论，找到感兴趣的问题或主题，并为精读做好阅读情绪和背景知识的准备。广泛的精读，即在多个知识领域各挑一两本导论类或教材类的好书认真阅读，以便建构一个高维度的可靠的知识结构。聚焦的粗读，就是因广泛的精读明确了下一个精进的主题，在这个主题下，大量粗读相关书籍。聚集的精读，就是在聚焦的粗读的基础上挑选几本好书进行精读，使自己在该领域的知识达到较高的水平。

（三）阅读速度

根据阅读速度不同，我将阅读分为快速阅读（每分钟阅读800字以上）、中速阅读（每分钟阅读100~800字）、慢速阅读（每分钟阅读少于100字）和变速阅读（根据具体情况，组合使用至少以上2种阅读速度）。

有效的快速阅读是有效的粗读的关键。有效的快速阅读有6个要点：（1）带着目标和问题出发，目标或问题可能产生于读书前、目录或前文。（2）让目光一直向前进，可跟随指尖或笔尖。（3）以快速为主，可变速推进。（4）不必读所有词，可逐行逐句，也可通过扫视抓取重要信息。（5）配以番茄钟／倒计时有节奏地推进，在一个个设定时长内专注阅读，闹钟响起之后，可以关掉闹钟再读一会儿。（6）辅以必要的标记和笔记，即使是最简化的标记流和笔记流，对记忆、理解和运用也非常有价值。

有效的慢速阅读与精读有很多重叠，通常会配以较多的标记和笔记，往往是一读再读。慢速阅读比快速阅读更容易理解书本内容吗？不一定，慢速阅读可能使人陷入一些不重要的细节里面，有效的快速阅读能够通观全局，快速梳理出全书的脉络和重点。

变速阅读是一种兼顾效率和效益的读法，在有效快速阅读的基础上，碰到重要点、疑惑点或兴趣点，将速度降下来，读完这些片段之后，重新加快速度推进。

（四）第 N 次阅读

初读就是首次阅读，重读就是再次阅读。很多人读书只有初读，没有重读。好书不厌百遍读，常读常新。一本好书至少要读三遍，其中至少有一遍是精读，才有可能真正领略一本书的精髓。

有时候，初读和重读接踵而至；有时候，初读和重读相隔数年。一段时间之后的重读，就像好友重逢，除了带来新的启发，也带来美妙的情感体验。

（五）是否出声

朗读就是发出声音阅读，默读就是不发出声音阅读。默念是一种特殊的默读，口中并没有实际发出声音，心中念念有词，耳朵"听"到了这些词句。

历史上，先有朗读，后有默读。朗读和默读各有千秋。朗读与情感体验有着紧密关系。朗读或倾听朗读是一种美好的情感体验。朗读是检验是否理解的一种方式，如果没有理解，朗读的节奏感和流畅性就会受影响。朗读也是一种多感官参与的读法，增加了读书的乐趣，也有助于记忆。默读有助于快速阅读，有助于大脑中的多回路加工，有助于理解和应用。

有些人在讨论如何学会默读，并想方设法去剔除默念。我认为只要集中注意力，加快阅读速度，朗读就自然会消失，逐字逐句的默念也自然会消失。在快速过程中，偶尔冒出几个词的默念也无伤大雅，且有积极作用。当阅读速度足够快，默念可能也会彻底消失。

（六）动笔程度

"不动笔墨不读书"强调了标记和笔记的重要性，得到了很多人的认可。许多认可这句话的人在读书时却依然"不动笔墨"，为什么？一是他们不知道如何动笔墨；二是他们知道的动笔墨的方法太复杂、太耗时。为此，我在此重新定义几种标记和笔记的方法。

标记可分为粗略标记与精细标记。多数情况下，粗略标记就足够了，精细标记多在精读时才使用。粗略标记指仅用一支笔在读书过程中针对书中内容简要地画出一些标记。做标记的内容可能是关键词、认可的观点、困惑的观点或者有感觉的句子等，不求全部标出，具体看读书时的感觉；标记的形式可能是横线、波浪线、双横线、横波结合线、点、圆圈、三角形、问号、叹号等，不求全部使用，一种标记形式也可以。

精细标记可分为两种。第一种是使用一种颜色的普通笔，将绝大多数的关键词、重点、难点、有兴趣的点等以丰富的形式标记清楚；第二种是以一种颜色的普通笔为主，辅以多种颜色的普通笔，并辅以荧光笔、定位签，将绝大多数的关键词、重点、难点、有兴趣的点等以非常丰富的形式标记清楚，并便于寻找。我经常使用第二种精细标记法，并规定不同颜色荧光笔的不同使用方法：橙色荧光笔标注所有的标题；黄色荧光笔标注所有第一次出现的重要的术语或名词；蓝色荧光笔标注所有数字、公式和最值。

笔记可分为书边笔记、贴纸笔记、成文笔记。书边笔记就是在书的空白处抄写重点词语或句子、补充观点、提出质疑、给出质疑的理由或更好的解释、应用设想、阅读感受、延伸思考等；贴纸笔记就是使用便利贴，我习惯于用黄色便利贴写对概念的补充说明，用蓝色便利贴写延伸的思考，用绿色便利贴写一些运用设想，用紫色便利贴写打动我的句子或我的情感体验。成文笔记是在书本之外建立文件或使用稿纸，将要点、脉络、赞同与否及其理由、补充、感受、相关经验、应用设想、延伸思考、总结、评价等的全部或部分以文章的形式呈现出来。

（七）读书环境怎样？

只要有书，在哪里都可以读。所以，我们在哪里都可能看到读书之人。但是，我们并不能因此说读书环境不重要。事实上，读书环境在很大程度上影响着读书体验。

读书环境可分为读书物质环境和读书人文环境。读书物质环境包括光线、声音、气温、气味和座位等。很多人期待在下面的物质环境中阅读：明亮柔和的光线、没有噪声干扰、适宜的气温、清新的空气、舒适的座位……这样的环境可能出现在家里、学校、图书馆、书店、咖啡馆、办公室。我有一位书友经常提前一个多小时到办公室看书，坚持很多年了。阅读人文环境提供了分享、提问、补充、质疑、聆听的人际支持环境，包括：（1）想读时，有人导读；（2）在读时，有人共读；（3）读完后，有人交流。

基于我的调查，很多书友对读书环境并不满意。读书的物质环境和人文环境都还有很大的提升空间。

后记

我终于完成了书稿！

遥想 2013 年时，出于对阅读和读书会的认可，我开始举办读书会活动。2014 年 3 月，我联络了国内 300 多家读书会，搭建了读书会交流合作平台——"中国读书会联盟" QQ 群。在那之后，除了日常在 QQ 群里推动读书会运营者之间的交流之外，我整理、发布全国各地读书会的活动预告累计 300 多次。2015 年 5 月开始，我将重心转移到读书会的研究和探索，为多种类型的读者组织了不同主题和形式的 200 多场读书活动，先后访谈过 526 家读书会。

人生能有几个 10 年？这本书算是我对过去 10 年的一个交代——虽然不完美但是我相信它是很有价值的。

10 年坚持中，我得到了很多人的关心和支持。首先，我要感谢杨利、吴贵槐、袁丹、舒良、曹远杰、林伯儒、胡莹、张瑛、张帆、孙笑天、陈微微、尹丽丽、戴学鸣、徐岳敏、倪孟旭、李娜、孔丽莉等数百位书友的多年陪伴。他们真诚且有深度的分享赋予了读书会以生命。

其次，我要感谢赵聚、石恢、汪洋、王肖杰、王绍培、蒋美丽、胡渔、薛晓萍、张阔、张立云、赵云良、朱丽萍、钟佳、陆仁、潘金辉、方有林和周乐秾等数百位读书会负责人的信任。他们的坦诚交流，让我深入了解到不同类型读书会运营的诸多细节。

再次，我要感谢浙江大学管理学院、浙江图书馆、杭州图书馆、拱墅区图书馆、温州图书馆、乐清市图书馆、网易蜗牛读书馆、乐清新华书店、运河书房、漫书咖书店、有间书房、晓风书屋、枫林晚书店、王小波书店、祥符街道文化站、浙大 UAD 咖啡和墨弄咖啡等场馆及其负责人，为我组织开展的各种读书活动提供场地支持。

在著述本书的过程中，我得到了诸多阅读推广研究专家的指导。郑承军（北京第二外国语学院教授）、赵俊玲（中国图书馆学会阅读推广委员会副主任）、曹桂平（东莞职业技术学院图书馆）、张文彦（青岛大学全民阅读研究中心主任）、于芃（深圳市阅读联合会秘书长）、曾书超（温州读书会联盟负责人）、常昕（北京印刷学院新闻出版学院副教授）、陆远（南京群学书院联合创始人）、邹静（广州公益阅读负责人）、平静（浙江省树人阅读研究院院长）和刘颖（北京大阅文化传播有限公司总经理）等，他们对我这本书的构思与写作提出了很多专业性的建议，帮助我廓清了思路，完善了著作的框架及内容。

特别有幸的是，在书稿付梓之际，我得到聂震宁、徐升国、陈纯跃几位业界前辈的殷切鼓励，他们欣然应允为本书作推荐，令我不胜感激。

最后，我要特别感谢我的导师吴雪萍教授，在我读博、开展课题研究以及撰写本书的整个历程里，给予我全面的指导和大力的支持。

　　10 年之后，我与读书会的缘分还在继续。我希望自己能够因为这本书与你结缘，我们一起成为运营读书会的同行者。

　　在读这本书时，如果你有什么意见和建议，欢迎告诉我。谢谢！

林　凯
2023 年 4 月